왕의 아이

Copyright © 1992 Ursula Marc, © 1997 D&D Medien GmbH, D-88287 Grünkraut
Originally published in German under the title *Nicht wie bei Räubers ...*
by D&D Medien GmbH, Gewerbestraße 5, D-88287 Grünkraut, Germany

All rights reserved.

This Korean Edition Copyright © 2006, 2011 by DMI Press, 1443-26, Seocho-1dong, Seocho-gu, Seoul 137-865, Republic of Korea
This Korean edition is translated and used by arrangement of D&D Medien GmbH through rMaeng2, Seoul, Republic of Korea.

이 한국어판의 저작권은 알맹2 에이전시를 통하여 D&D Medien GmbH와 독점 계약한 국제제자훈련원에 있습니다.
신 저작권법에 의하여 한국 내에서 보호받는 저작물이므로 무단 전재와 무단 복제를 금합니다.

구원, 그 놀라운 축복 이후에 시작된 모험

왕의 아이

우줄라 마르크 지음 | 양보영 옮김

국제제자훈련원

목차

1장. 구원 … 7

2장. 용서 … 15

3장. 찬양 … 23

4장. 새로운 세계 … 31

5장. 밖으로 나가다 … 41

6장. 기적을 보다 … 51

7장. 무적이라고? … 59

8장. 치유된 내면 … 69

9장. 준비 … 77

10장. 거절 … 87

11장. 또 다른 훈련 … 93

12장. 늘 아버지와 함께 … 109

13장. 특별한 사명 … 121

14장. 승리 … 131

1장

구원

"이게 어떻게 된 거지?" 톰은 잠에서 깨어나자마자 자기 눈을 의심했다. 꿈속에서나 볼 수 있던 광경이 눈앞에 펼쳐졌기 때문이다. 그는 햇살이 비치는 따뜻한 방의 푹신한 침대 위에 누워 있었다. 저쪽에는 고기와 빵, 각종 과일과 과자가 가득 차려진 식탁이 보였다. 그가 살던 도둑의 집에서는 볼 수 없는 것들이었다. 그 집에서는, 두목이 먹을 것을 가지고 오면 아이들은 주먹을 휘두르며 싸우기 일쑤였고 결국 가장 힘센 아이가 대부분을 가져갔다.

배가 몹시 고팠던 톰은 사방을 둘러보았다. 누군가가 자기를 감시하고 있는지 살펴보기 위해서였다. 그때 얼굴에 웃음이 가득한 아이들이 우르르 들어왔다. 아이들은 식탁 주위에 둘러앉으며 톰에게 손짓했다. "이리 와! 같이 먹자!" 하지만 톰은 얼른 의자 뒤로 숨었다. '나를 붙잡아 가둘지도 몰라.' 그는 이 세상 누구도 믿지 않았다. 키가 큰 아이가 다가와서 같이 먹자고 했지만 마치 사나운 들짐승처럼 필사적으로 몸을 웅크렸다.

할 수 없이 아이들은 자기들끼리 음식을 먹기 시작했다. 그들의 모습을 훔쳐보던 톰은 깜짝 놀랐다. 다른 아이의 음식을 빼앗는 아이가 한 명도 없었기 때문이다. 빼앗기는커녕 오히려 자기의 몫을 나누어 주기도 했다. 도둑의 집에서는 음식이 나오자마자 손에 잡히는 대로 입속에 집어넣고 주머니에 마구 구겨 넣었다. 다른 사람에게 빼앗기지 않으려고 한쪽 구석에 가서 급히 먹어 치우기도 했다. 하지만 여기서는 모든 게 평화로워 보였다. 아이들은 함께 웃고 이야기하면서 천천히 식사를 즐기고 있었다. 쓰레기를 다른 아이의 머리에 던지는 아이도, 손을 바지에 닦는 아이도 없었으며, 다른 아이를 때리는 아이도, 소리 지르는 아이도 없었다. 도둑의 집과는 전혀 달랐다.

아이들이 음식을 남긴 채 밖으로 나가자 참았던 배고픔이 밀려왔다. 다른 사람이 남긴 음식이라도 상관없었다. 슬금슬금 식탁으로 간 톰은 손에 잡히는 대로 잔뜩 집어서는 의자 뒤에 숨어서 먹기 시작했다. '이렇게 맛있는 음식은 한 번도 먹은 적이 없었어!' 음식을 먹으며 톰은 이곳에 계속 있으면 좋겠다고 생각했다. '그런데 대체 여기가 어디지? 어떻게 이곳에 오게 되었을까?'

바로 어제, 톰에게는 아주 끔찍한 일과 기적적인 일이 동시에 일어났다. 사소한 실수를 한 톰을 도둑들은 그 어느 때보다 더 난폭하게 때렸다. 화가 난 톰이 집을 나가겠다고 하자, 그들은 톰을 묶어서 좁고 어두운 다락 안에 가둬 버렸다. 톰은 있는 힘껏 소리를 질렀다. 더 이상 목소리가 나오지 않아 그저 힘없이 중얼거릴 때까지…. 가슴속의 분노와 절망들이 터져 나왔다.

얼마 지나지 않아 도둑들과 뭔가 거래를 하는 듯한 낯선 사람의 목소리가 들렸다. 도둑들은 상상조차 할 수 없을 정도의 비싼 값을 불렀다. 그 뒤로 일이 어떻게 되었는지는 더 이상 들을 수가 없었다. 잠시 후 톰은 누군가가 다락에 들어와 자신을 묶고 있던 사슬을 끊는 소리를 들었다. 그가 자기를 태워 어디론가 향하는 것 같았다. 하지만 지칠 대로 지친 톰은 깊은 잠에 빠져들었다. 톰이 기억할 수 있는 건 이게 다였다.

잠시 후 문이 열리고 누군가가 들어왔다. '나를 여기에 데리고 온 사람인가 보다.' 신기하게도 처음 보는 사람인데 전혀 무섭지 않았다. 함께 있으면서 언제나 톰을 위축되게 했던 도둑 식구들과는 전혀 달랐다. 그의 몸에서는 알 수 없는 빛이 나는 것 같았다. 그는 음식을 먹은 톰을 혼내기는커녕 오히려 톰을 보며 미소를 지었다. "톰, 욕실을 구경한 적 있니?" 어리둥절한 톰은 잠시 머뭇거렸다. '함정일 수도 있어.' 하지만 톰은 겁쟁이가 되고 싶지 않았다. 또 욕실이 궁금하기도 했다.

그가 데려간 욕실에는 신기한 물건들이 가득했다. 가운데에 있는 작은 욕조에 손을 넣어 본 톰은 깜짝 놀랐다. 생각보다 훨씬 따뜻했기 때문이다. 그 남자는 여기에서 목욕을 하고 싶으면 옷을 벗으라고 말했다. "옷을 벗으라고요? 싫어요! 이건 내 옷이라고요…." 톰은 방어적으로 옷을 여미고 그 자리에 그대로 서 있었다. 그는 가만히 톰을 기다렸다. 언제까지라도 기다릴 것 같은 기세였다. 그는 왜 톰을 기다렸을까? 얼마든지 강제로 그의 옷을 벗길 수 있는데도 말이다. 도둑들이 그랬던 것처럼….

　물이 출렁였다. 톰은 정말 그 안에 들어가고 싶었다. '하지만 옷을 벗어야 한다고?' 낡은 바지는 이미 오래전에 짧아졌고 허리도 조여 왔다. 셔츠도 이제는 구멍투성이라서 남아 있는 부분이 별로 없었다. 오랫동안 빨지 않아서 지독한 냄새도 났다. 하지만 톰은 그 옷들에 익숙했다. '아무것도 내줘선 안 돼!' 지금까지 톰은 이렇게 배웠다. 도둑의 집에서 말이다.

　몸에 붙어 있던 벼룩들이 그의 몸을 마구 물어뜯어 가려워서 견딜 수가 없었다. 물 속에 뛰어드는 것만이 유일한 해결책이라는 사실을 그는 깨달았다. 톰은 얼른 옷을 벗어던졌다. 바닥에 떨어진 누더기 조각들을 보자, 정말 이곳과는 어울리지 않는 것들이라는 생각이 들었다. 그래서 그 남자가 옷들을 싸서 불 속에 던질 때도 잠자코 있었다.

　톰은 그 따뜻한 물이 너무나도 마음에 들었다! 그 남자는 부드러운 수건으로 톰의 여윈 몸을 닦아 주었다. 그는 톰의 검은 피부에 있는 긁힌 상처, 파랗게 멍든 자국, 울퉁불퉁한 흉터, 화상 자국들을 보고는 마음 아파하며 눈물을 흘렸다. 따뜻하고 부드러운 수건으로 톰의 몸을 감싸고, 하얀 연고를 상처 부위에 조심스럽게 바른 후 그는 톰에게 흰 옷을 건넸다.

거울에 비친 자신의 모습을 본 톰은 깜짝 놀랐다. '저건 내가 아니야!' 거울 앞에는 아주 아름답고 깨끗한 아이가 서 있었다. 톰은 옆구리를 꼬집어 보았다. "아얏!" 거울에 비친 사람은 분명 톰 자신이었다!

그 남자는 멍하게 서 있는 톰을 데리고 나갔다. 그리고 커다란 붉은 의자가 있는 방으로 가더니 자기 무릎 위에 톰을 앉혔다. 그의 품 안은 욕조 물보다도 따뜻했다. 톰은 그가 너무 믿음직스러웠다. 그래서 그의 팔에 더 깊숙이 안겼다. 영원히 그 품에 머물고 싶다는 생각을 하면서….

톰은 한 번도 이런 친절을 경험해 보지 못했다. 자신을 꼭 끌어안고 있는 그의 따뜻한 품도, 불안해할 필요 없이 몸을 맡길 수 있는 그의 무릎도…. 톰은 부드러운 풀밭 위보다 더 포근하고 깊은 동굴 속보다 더 안전하게 쉴 수 있었다. 눈을 감고서도 그의 눈길을 느낄 수 있었다. 톰의 마음 아주 깊은 곳까지 따뜻하게 해 주는 눈길.

톰은 자신이 그토록 찾아 헤매던 자리를 마침내 찾은 것만 같았다. 언제까지나 그냥 이대로 있고 싶었다. 하지만 얼마 지나지 않아 다른 아이들이 들어왔다. 모두 머리에 작은 금관을 쓰고 있었는데, 그 남자에게도 하나를 가져다주었다. 그는 그 금관을 톰에게 씌우더니 기쁨에 찬 목소리로 말했다. "톰도 이제부터는 내 아들이다!"

그를 바라보던 톰은 문득 분명한 깨달음을 얻었다. 이 남자는 왕이었던 것이다! 하지만 이상하게도 그 앞에 있는 것이 전혀 두렵지 않았다. 지금 톰은 왕과 함께 있는 것이다! 톰은 이제 왕의 아들이다!

2장
용서

그동안 도둑의 소굴에서 살았는데 이제 톰은 왕의 아들이 되었다. 더 이상 이 사실이 감격스럽지 않을 때가 과연 올까? 하지만 그날은 생각보다 빨리 왔다.

도둑들은 날마다 밤새 술을 마시거나 도둑질을 하러 돌아다니기 때문에 보통 아침에 일찍 일어나지 못한다. 아니 일찍 일어날 이유도 없다. 도둑의 집에서 두목은 늘 기분이 좋지 않았고, 다른 도둑들도 걸핏하면 싸웠다. 따라서 그곳에서 생활하는 가장 좋은 방법은 다른 사람들 가까이 가지 않는 것이었다.

하지만 이곳 왕의 성에서 톰은 다음 날 아침 일찍 일어났다. 이제 새아버지가 된 왕이 전날 저녁에 "내일 아침에 또 와도 된다."고 말했기 때문이다. 어제 아버지와 함께했던 경험이 너무 만족스러웠던 톰은 흥분된 마음으로 부드러운 이불에서 얼른

빠져나왔다.

　그러고는 곧장 아버지 방으로 달려가 무릎에 앉았다. 아버지의 무릎은 톰이 가장 좋아하는 자리였다. 아버지는 언제나 톰을 기다렸다. 그곳을 찾기만 하면 아버지는 언제든 흔쾌히 톰을 위해 시간을 내줄 것이다. 아버지의 무릎이 바로 톰의 자리였다.

　아침식사가 준비되어 있었다. 음식은 모든 아이들이 먹을 만큼 충분했다. 톰은 오랫동안 굳어진 습관대로 빵 한 조각을 호주머니 속에 몰래 숨겼다. 톰을 본 어떤 아이가 다가와 친절하게 말했다. "여기서는 먹을 것 때문에 고민할 필요가 없어. 우리 아버지가 얼마나 부자이신지 아니? 우리의 끼니를 다 책임져 주셔. 걱정하지 말고 아버지께 모든 것을 맡겨!" 어제부터 겪은 일들을 떠올리자, 톰은 정말 그렇게 할 수 있을 것 같았다. 두려움이 엄습하던 그날이 오기 전까지는.

　어느 날, 톰은 왕의 성에 있는 아주 화려한 방에 들어갔다. 그 방에는 늘 무언가가 풍성히 차려진 식탁, 화려한 그림, 특이하게 생긴 커튼, 향기 나는 꽃들이 있었다. 그런데 선반 위에 톰의 눈길을 끄는 것이 걸려 있었다. 작은 상자 같았는데, 밑에 있는 줄을 잡아당기면 아름다운 음악 소리가 났다. 지금까지 한 번도 들어 본 적이 없는 소리였다. 그 소리에 완전히 매료된 톰은 갑자기 궁금해졌다. '어떻게 소리가 나는 걸까?'

　친구들이 모두 밖으로 놀러 나가도 톰은 혼자 그 방에 남았

다. 호기심을 이기지 못한 톰이 갑자기 선반 위로 훌쩍 뛰어올라 그 상자를 갖고 내려왔다. 그러고는 상자 뒤의 작은 문을 열었다. 그 속에는 작은 톱니바퀴와 망치처럼 생긴 기계가 있었다. 어떻게 소리를 내는지 궁금했던 톰은 기계들을 이렇게 저렇게 만지기 시작했다. 그때였다! 갑자기 딱! 하고 뭔가 부러지는 소리가 들렸다. 작은 톱니바퀴 하나가 부러진 것이다. 잠시 윙윙거리는 소리가 나더니 더 이상 음악 소리가 들리지 않았다. 톰이 사고를 저지른 것이다! 너무 놀라고 두려워진 톰은 주위를 둘러보았다. 주위에는 아무도 없었다. 톰은 얼른 상자를 제자리에 걸어놓고는 방에서 뛰어나왔다.

'이제 어떻게 해야 하지?' 도망치는 수밖에 없었다. 성 밖을 나와 공원 쪽으로 무조건 뛰었다. 아무 생각 없이 그저 계속 달리기만 했다. 마침내 숨을 만한 곳을 발견했다. 잎이 무성한 나무였다. 나뭇가지 위로 기어 올라가면서 생각했다. '여기 있으면 아무도 나를 찾지 못할 거야. 여기라면 안전하겠지.' 하지만 무엇으로부터?

일단 한숨 돌리자 끔찍한 생각들이 그를 괴롭히기 시작했다. '다시는 성에 들어가지 못할 거야. 내가 그랬다는 걸 모두들 알게 되겠지. 친구들이 뭐라고 할까? 왕께서는? 분명히 화가 나셨을 거야. 그 기계 정말 비싸 보이던데….' 도둑의 집에서 경험했던 일들이 선명하게 떠올랐다. 그곳에서는 이런 잘못을 저지르면 여지없이 몽둥이질을 당했다. 톰은 두려움에 떨기 시작했다.

밤이 되자 점점 추워졌다. '이젠 더 이상 나를 찾지 않을 거야!' 딱딱한 나뭇가지 위에 있는 것은 너무 고통스러웠다. 그리고 외로웠다. '성 안에 있을 땐 참 행복했는데…. 그 성에 계속 있었다면 얼마나 좋았을까' 무서운 생각도 들었다. '혹시 사나운 짐승들이 있는 건 아닐까?' 바람결에 나뭇잎들과 가지들이 바스락거릴 때마다 톰은 움츠러들었다. 그러면서도 아래로 떨어지지 않기 위해 간신히 몸을 지탱하고 있었다. 그때였다. 어디선가 발자국 소리가 들려왔다. 누군가 커다란 사람이 나무 밑에 섰다. 그리고 조용한 음성이 들려왔다. "톰! 내려오너라. 괜찮아." 아버지였다! "하지만 전…." 왕은 톰의 말을 끊고 말했다. "정말 괜찮아!" 아버지는 그대로 나무에서 뛰어내린 톰을 넓은 팔로 받아 주었다. "내 아들, 두려워하고 있었구나! 왜 도망쳤니? 왜 내게서 숨었니? 알아두렴. 죄를 숨기는 것은 너에게도 또 나에게도 가장 안 좋은 것이란다. 나를 믿으렴. 네가 무엇을 하든지 간에 항상 너를 지켜줄게. 톰, 혹시 잘못을 저지르게 되면 즉시 내게로 오너라. 내가 모든 것을 다시 회복시킬 수 있으니 말이야. 나는 정말 그렇게 하고 싶단다. 알겠니?" 톰은 고개를 끄덕였다. 왕은 가슴이 벅차 어쩔 줄 몰라 하는 톰을 안고 성으로 돌아왔다.

아버지는 선한 분이었다! 톰은 그 사실을 항상 가슴속 깊이 새겨야겠다고 생각했다. 하지만 여전히 그 상자가 마음에 걸렸다. 그래서 어떻게든 보상하기로 마음먹었다.

다음 날 아침 일찍 일어나 커다란 꽃다발을 준비해서 왕의 의자 옆에 갖다 놓았다. 또 흰 옷 위에 검은 앞치마를 두르고, 다른 친구들을 위해 아침식사를 차렸다. 톰은 먹는 것을 포기하면서까지 부엌일에 매달렸다. 그리고 정원과 마구간, 그 밖의 다른 곳에서도 필요한 일이라면 뭐든지 도왔다. 하루 온종일 정말 힘들게 일했다. 하지만 웬일인지 무언가 빠져 버린 것처럼 마음이 불편했다.

톰은 한밤중에 잠에서 깨었다. 왕이 침대 앞에 앉아 있었다. 그리고 물었다. "오늘 하루 종일 어디 있었니? 왜 내게 아침인사도, 저녁인사도 하지 않았지? 꽃다발은 정말 고맙구나. 하지만 내가 정말 원하는 것은 너를 보는 것이었는데…." "저는…, 제 잘못을 조금이라도 갚고 싶었어요…." 왕이 진지하게 말했다. "그것은 네가 할 일이 아니야. 그 값은 이미 다른 사람이 치렀단다! 분명히 말하지만, 그 문제에 관해서는 모든 게 완벽하게 해결되었어. 너는 이제 여기서 선물받는 법을 배우렴. 나의 왕국에서는 네가 스스로 일해서 무언가를 갚을 필요가 없단다."

톰은 도무지 이해할 수 없었다. 하지만 아버지가 그렇게 해야 한다고 했기 때문에 그 '선물받는 법'을 배워 보고 싶다는 생각도 들었다. 아버지는 톰이 입고 있던 앞치마를 벗기고 이불을 덮어 주었다. 그때 톰은 하루 종일 그토록 허전했던 이유를 알 수 있었다. 그것은 그가 아버지와 함께 있지 않았기 때문이었다. 왕은 이어 말했다. "내일 다시 나에게 와 주면 좋겠구나!" "물론이죠!" 톰은 미소를 띤 채 다시 잠들었다. 전에는 겪어 보지 못한 일이었다! 누군가가 나를 기다린다는 사실 말이다.

3장

찬양

왕이 도둑의 아들이던 자신과 함께 보내는 시간을 얼마나 좋아하는지 톰은 매일 느낄 수 있었다. 이제 톰은 다른 친구들과도 어울릴 수 있었다. 친구들은 모두 톰을 좋아했고, 톰이 아직 모르고 있던 것들을 친절하게 알려 주었다. 도둑의 집에서 도둑 형들은 톰에게 "귀머거리!" "겁쟁이!" 등 심한 욕설과 조롱 섞인 말들을 던졌다. 하지만 여기 친구들은 톰에게 "이곳에 잘 왔어!" "훌륭해!" "이리 와, 우리 같이 놀자."라고 말했다. 새로운 환경 속에서 톰은 매일 한 단계씩 더 아름답게 성장해 갔다. 톰 자신도 그것을 느꼈다. 자신이 아주 강해진 것 같았다. 그에게 새로운 눈이 열릴 때까지 말이다.

어느 날 아침이었다. 아이들은 아침식사 때부터 잔뜩 흥분해 있었다. 그날은 분위기가 뭔가 달랐다. 아버지는 아들이 곧 돌

아올 거라고 말했다. 그러자 아이들은 크게 환호성을 질렀다. 손뼉을 치고 껑충껑충 뛰며 휘파람을 불고 노래를 불렀다. 그리고 왕자를 다시 보는 날까지 그냥 기다릴 수 없었는지 들뜬 마음으로 환영 축제를 계획했다. 톰은 어리둥절했다. '도대체 왕자가 누구지?' 하지만 아무도 톰에게 그것을 설명해 줄 여유가 없어 보였다. 아버지는 그저 비밀스러운 미소를 지으며 말했다. "곧 보게 될 거다!"

그래서 톰은 기대감에 휩싸인 친구들 속에서 함께 춤을 연습하고 꽃 따는 것도 도와주었다. 아이들은 산더미같이 쌓인 꽃들을 어느 화려한 문 앞으로 가져갔다. 그 문 위에는 금빛으로 '성전'이라고 쓰여 있었다. 안에 무엇이 있을까? 톰의 궁금증은 커져만 갔다.

드디어 그날이 되었다. 왕자가 온다는 그날! 아이들은 이번 축제를 위해 특별히 선물받은 옷으로 갈아입었다. 성전 문이 활

짝 열리고 웅장한 음악이 울려 퍼졌다. 수많은 사람들이 기대에 찬 마음으로 성전 안으로 들어갔다. 방은 정말 화려했다! 반짝이는 불빛 속에서 모든 것이 아름답게 장식되어 있었다. 얼마나 넓은지 톰은 입이 다물어지지 않았다. 수많은 사람이 그 안에 들어갔지만 아직 비어 있는 자리가 많았다.

하지만 가장 높은 곳에 있는 큰 의자에 비하면 다른 것들은 아무것도 아니었다. 그 화려한 의자에 누군가가 앉아 있었다. 그로부터 퍼져 나오는 빛이 너무 강렬해서 톰은 문득 두려운 마음이 들었다. 그래서 양손으로 얼굴을 가리고 바닥에 엎드렸다. 밝은 빛은 의자 주변도 비추고 있었다. 잠시 후 음악이 울려 퍼졌다. 방 안에 있는 모든 사람들이 엎드려 외쳤다. "우리의 모든 생각을 초월하시는 위대하신 분! 당신은 모든 시대를 다스리십니다!"

그때 의자에 앉은 분이 말했다. "일어나서 가까이 오라, 내 자녀들아! 내 아들이 돌아왔으니 함께 기뻐하자! 그는 승리했고 또 정복했다. 여기 와서 나의 즐거움에 참여하라!" 톰에게 매우 익숙한 목소리였다. 하지만 지금 그 목소리는 물결이 요동치는 것같이 울리고 있었다. 톰은 조심스럽게 손가락 사이로 앞을 내다보았다. 넓게 퍼져 나가는 빛 속에서 그분을 발견했을 때 톰은 너무 반갑고 기뻤다. 바로 아버지였다! 톰도 다른 사람들과 함께 환호성을 지르며 축제를 즐겼다.

축제가 절정에 달했을 때 그 아들이 들어왔다. 갑자기 숨이 막히는 것 같았다. 그의 옷은 태양보다 밝게 빛났고, 그의 장엄함과 아름다움은 말로 다 표현할 수 없었다. 그는 왕좌를 향해 나아갔다. 왕과 아들이 포옹하는 순간 모두가 숨을 죽였다. 톰의 가슴도 뛰었다. 아버지와 아들 사이의 사랑 속으로 빨려 들어가는 것 같았다.

잠시 후 아버지는 부드러우면서도 조금은 벅찬 목소리로 말했다. "사랑하는 내 아들아! 와서 내 오른 편에 앉아라!" 수많은 악기들이 웅장한 음악을 연주하기 시작했다. 그리고 모두 노래를 불렀다.

존귀한 아들!
그분의 사랑은 측량할 수 없네.
자신의 몸으로 값을 치르시고,
우리를 왕의 자녀로 삼으셨네.
주님께 만세!

'값을… 치른다고?' 톰은 이 말을 벌써 두 번이나 들었다. 그 말을 들을 때마다 톰의 마음속에 뭔지 모를 뭉클함이 느껴졌다. 톰은 눈을 감았다. 감은 눈 사이로 어떤 남자가 몸이 끔찍하게 찢긴 채 피를 흘리며 나무에 매달려 있는 모습이 보였다. 도둑들이 그 주위를 둘러싼 채 사악하게 웃고 있었다. 거기에 매달려 있는 사람은 다름 아닌 왕자였다. '세상에!' 톰은 그 광경을 더 이상 보고 싶지 않아 얼른 눈을 떴다. 자신을 바라보고 있는 왕자의 얼굴이 보였다. "그래. 내가 그 값을 치렀어. 내 피로 보상한 거야. 널 위해서…. 왜냐하면 너를 내 목숨보다 더 사랑했으니까."

믿기지 않았다. 충격 그 자체였다. '이렇게 대단해 보이는 분이 나를 위해 그런 엄청난 고통을 당했다고?' 톰은 감격한 나머지 울음을 터뜨렸다. '어떻게 하면 이 사람에게 보답할 수 있을까? 나처럼 작고 보잘것없는 아이가…. 어떻게 하면 내 마음을 표현할 수 있지?' 바로 이때 앞으로 나간 왕자가 큰 소리로 외쳤다. "나는 아직도 갇혀 있는 많은 사람들에게 자유를 주고 싶습니다. 모든 사람들이 이 행복한 나라에 와야 합니다. 누가 날 돕겠습니까?"

톰은 서슴지 않고 모든 사람들을 제치고 뛰어 나갔다. 일등이 되고 싶었던 것이다. 하지만 막상 그 앞에 서자 무릎이 떨렸다. 작고 연약한 자신을 발견한 순간 스스로가 우습게 느껴졌다. '과연 내가 이 위대한 왕자를 도울 수 있을까?'

부끄러워진 톰은 슬그머니 뒷걸음질치기 시작했다. 그때 왕자가 말했다. "왜 그러니, 톰? 나는 네가 필요해. 강한 사람들은 필요하지 않아. 약한 사람들에게만 내 능력을 부어 줄 수 있거든. 내가 주는 힘으로 싸워 보지 않겠니?"

물론 그러고 싶었다. 왕자가 톰의 머리 위에 손을 얹었다. 그러자 어떤 뜨거운 것이 머리부터 발끝까지 뚫고 지나가는 것 같

았다. 그것은 톰에게 기쁨과 힘이 되었다. 그리고 그 저항할 수 없는 힘이 그를 아들과 아버지에게로 이끌었다. 톰은 왕의 의자 앞에서 웃으며 춤을 추었다. 조금 전까지만 해도 상상조차 할 수 없던 일이었다. 모두들 함께 기뻐하며 춤을 추었다. 톰은 너무도 황홀해서 축제가 끝나지 않으면 좋겠다고 생각했다.

하지만 또 한편으로는 어서 싸움을 배워서 왕자와 함께 나가 다른 사람들을 이 멋진 왕국에 데려오고 싶기도 했다. 그렇지만 어떻게 싸워야 할까? 어디서 싸움을 배울 수 있을까? 어디서 무기를 얻을 수 있을까?

4장

새로운 세계

악몽이었다. 흉측한 괴물들이 날카로운 이빨을 드러낸 채 톰을 에워쌌다. 그들은 톰을 갈기갈기 찢어 버릴 듯이 위협했다. 할 수 있는 한 방어하려 했지만 소용없었다. 커다란 손톱이 막 톰을 찍어 내리려 할 때, 그는 있는 힘을 다해 한 마디를 외쳤다. 그 순간 모든 괴물들은 마치 벼락을 맞은 듯 바닥에 떨어졌고, 톰은 그 괴물들을 밟으며 집에 갈 수 있었다. 그리고 잠에서 깨어났다. 머릿속에는 아직도 끔찍한 광경들이 생생하게 남아 있었다. 무엇보다 놀라운 기적을 잊을 수가 없었다. 무시무시한 괴물들을 단번에 물리친 그 한 마디가 과연 무엇이었을까?

아침이 되자 톰은 곧바로 아버지에게 갔다. 악몽의 공포에 몸서리치며 아버지의 가슴 깊숙이 파고 들어갔다. 꿈 이야기를 들은 아버지는 아주 진지한 표정으로 고개를 끄덕였다. "그래, 그

게 바로 악의 세력이란다. 너를 겁주려는 속셈이야!"

톰은 겁에 질린 채 아버지를 바라보았다. "싸워야 할 적이 그렇게 강하다고요?" 그들은 이전에 함께 살던 도둑 형들보다도 더 무섭고 그 수도 훨씬 많았다. '그렇게 무서운 상대와 내가 싸워야 한다고?' 톰은 고개를 내저었다. '이제 내게 앞으로 어떤 일이 벌어질까?'

그때 아버지가 몸을 일으켜 톰을 앞에 세우고 격려했다. "톰, 너도 알잖니? 내가 왕이라는 것을! 내게 모든 능력이 있다는 것을!"

아버지의 말에 톰은 다시 자신감을 얻었다. 어제 일이 생각났다. 그 보좌와 찬란한 빛, 그리고 주변 모든 것을 압도하던 위엄…. '난 지금 바로 그런 분 앞에 서 있는 거야!' 아버지는 손을 멀리 뻗었다. 아버지의 음성은 마치 천둥소리처럼 울렸다. "보

렴. 이 모든 게 내게 속한 거란다! 내가 이것을 만들었고 날마다 새롭게 하지." 그러자 지구와 별들 그리고 저 멀리 넓게 펼쳐진 우주가 보였다. 거기에 비하면 톰 자신은 한없이 작아 보였다. 갑자기 이렇게 무한한 권능을 가진 왕 앞에 있다는 것이 두려워졌다. 하지만 아버지는 톰의 이러한 마음까지 알고 있다는 듯이, 톰을 무릎 위에 앉히고 안심시켰다. "톰. 너는 내 아들이고 나는 너의 아버지야! 나에게 맡기렴. 그 누구도 너를 내게서 빼앗아 갈 수 없어! 내 사랑에 몸을 맡기렴. 두터운 외투와 같은 사랑으로 너를 따뜻하게 지켜줄 거야."

거짓말처럼 두려움이 사라졌다. 따뜻한 아버지의 품 안에서 언제까지나 머물고 싶었다. "이제 왕자에게 가거라. 싸움을 배우고 싶어 하지 않았니? 언제나 그가 말하는 대로만 따르면 돼. 그러면 굉장한 일을 하게 될 거야. 네가 자랑스럽구나!"

아버지의 말을 듣고 자신감이 생긴 톰은 키가 한 뼘 정도는 자란 것 같은 느낌이 들었다. '맞아! 싸움을 배워야지. 재미있을 거야!' 톰은 즉시 뛰어가고 싶었다. 하지만 성숙해진 만큼 의젓하게 그곳을 나왔다. 아버지는 미소를 지으며 톰을 향해 소리쳤다. "내가 매일 너를 기다린다는 것을 잊지 말거라!"

어제 함께 싸움에 참여하기로 한 다른 친구들이 벌써 방에 와 있었다. 하지만 톰은 그들을 보자 한심한 생각이 들었다. '얘네들이 도대체 여기서 무얼 하는 거지?' 그곳에 있는 아이들은 전혀 영웅처럼 보이지 않았다. 톰보다도 키가 더 작고, 약해 보이는 아이들도 있었다. 몸이 불편해 보이는 아이도 있었다. 제일 황당한 것은 그중에 여자아이들도 있었다는 것이다. '쟤네들은 대체 무슨 생각으로 여길 온 거야?' 톰은 못마땅한 표정으로 고개를 저으며 그들과 적당히 떨어져 앉았다.

'과연 왕자님은 이 아이들에게 무슨 말을 할까?' 톰은 긴장한 채로 그를 기다렸다.

드디어 왕자가 들어왔다. 그는 아이들을 진심으로 기쁘게 맞았다. "나의 왕국을 위해 싸우려고 이렇게 와 주다니 정말 기쁘구나. 우선 너희 모두를 위해 신발을 준비했단다."

왕자를 보자 웬일인지 추운 겨울이 가고 봄이 찾아온 듯한 훈훈함이 느껴졌다. 모든 의심과 불평도 사라졌다. 톰의 마음은 다시 왕자에게 향했다. 톰은 여전히 멀리 떨어진 의자에 앉아서 왕자가 한 사람 한 사람에게 다가가 몸을 굽히고 새 신을 신겨 주는 모습을 바라보았다. 왕자는 아이들에게 신을 신겨 준 후 한 사람 한 사람을 격려하며 어루만져 주고 있었다.

왕자의 그런 모습에 톰은 감동했다. 방금 전까지 마음속으로 다른 아이들을 무시했던 기억이 떠오르자 부끄러움을 느꼈다. '왕자가 내 생각을 알아채지는 않았을까? 아…, 다른 아이들과 같이 앉아 있었어야 하는 건데!' 얼굴이 새빨개진 톰은 의자에 앉은 채 몸을 좌우로 흔들어대며 단추를 이리저리 돌렸다. 그를 마음속으로 간절히 기다리면서….

마침내 왕자가 톰에게 다가왔다. 톰은 그의 눈을 제대로 쳐다볼 수가 없었다. 바로 그때 따뜻한 두 손이 자신의 얼굴을 감싸는 것을 느꼈다. 왕자는 톰의 고개를 들고는 이렇게 말했다. "그래. 네가 그런 생각을 해서 마음이 아팠어. 네가 아까 무시했던

그 아이들은 분명 너와 나의 형제들이야. 하지만 지금 너도 아파하는 걸 알아. 넌 이미 용서받았단다!"

비로소 톰은 그의 눈을 쳐다볼 수 있었다. 그의 눈에서 바다와 같은 끝없는 사랑이 느껴졌다. 왕자가 톰을 끌어안자, 톰은 너무 행복해서 울고 말았다. 이제 더 이상 부끄럽지 않았다! "여기서는 힘이나 외모가 전혀 중요하지 않아. 중요한 건 바로 마음이야! 날 향한 마음이 빛나는지가 중요하지! 지금 네 마음은 충분히 아름답게 빛나고 있어! 나도 알아. 도둑의 집에서는 모든 게 이렇지 않았을 거야. 하지만 너는 여기서 새로운 사고방식을 배우게 될 거야. 걱정 마. 내가 도와줄 테니까."

왕자는 톰의 머리를 쓸어내렸다. 이전에는 도둑의 아들이었으나 이제는 왕의 아들이 된 톰에게 몇 가지 사실이 분명해졌다. 도둑들 사이에서는 장성하고 힘센 남자들만 싸움에 참여할 수 있었다. 여자들은 청소하고 빨래나 할 뿐이지 싸움은 꿈도 꿀 수 없는 일이었다. 서로 소리 지르며 머리채를 잡아 당기는 게 고작이었고, 조금만 아파도 울기 일쑤였다. 그러나 여기서는 한 사람 한 사람이 모두 소중하고 특별했다.

"바로 그거야. 내게는 모든 사람의 마음, 나를 향한 그 마음들이 모두 소중해!" 왕자가 말했다. 도둑의 집에 있을 때는 훈련에 낄 생각도 못했다. 너무 어리고 약했기 때문이다. 언젠가 멀리서 다른 형들이 훈련받는 것을 훔쳐 본 적이 있었다. 그들은 지쳐 쓰러질 때까지 뛰어야 했다. 주로 격투, 칼싸움 등을 배웠는데, 새로 들어온 사람은 이전에 있던 사람들과 치열하게 겨루면서 훈련을 받았다. 바닥에 구르고, 서로에게 심한 상처를 입힐 때마다 톰은 눈을 가렸다. 두목의 명령이 떨어지고 나서야 그들은 싸움을 멈췄다. 톰은 궁금했다. '과연 여기서는 어떤 방식으로 훈련을 받을까? 왕자님은 어떻게 훈련을 시키실까?'

왕자는 톰의 생각을 알아맞히기라도 한 듯 설명하기 시작했다. "친구들아! 내 편에서 싸울 때는 어떤 무기를 사용하는지 궁금하지? 지금부터 설명해 줄게. 나는 이 세상의 모든 악을 이길 수 있는 유일한 무기를 갖고 있어. 그것은 바로 사랑이란다. 사랑은 아무리 견고한 탱크와 튼튼한 담이라도 뚫고 지나갈 수 있지. 이해하기 어렵겠지만, 나는 그 어떤 것보다 가장 강력한 무기란다. 왜냐하면 내가 바로 사랑이기 때문이지. 나는 이미 승리했어. 하지만 많은 사람들은 내가 자신들을 위해 승리했다는 사실을 받아들이려 하지 않아. 그 사실을 믿지 못하는 거지. 그래서 너희가 필요한 거야. 너희가 그들에게 가서 내 사랑을 보여 주렴. 너희는 그것을 위해 여기서 매일 훈련을 받게 될 거야. 서로를 배려하면서 선한 일을 행할수록 너희는 점점 나를 닮게 될 거야. 이것이 우리의 훈련 프로그램이란다. 이렇게 해야 너희가 강하게 자라나고 또 싸움에서도 이길 수 있는 것이지."

톰은 그 말을 이해하기 어려웠다. 하지만 한 가지 와 닿는 것이 있었다. 그를 닮아 가는 것! 바로 그점이 마음에 들었다. 톰은 이전에 도둑의 집에 있을 때 두목을 몹시 두려워했던 게 떠올랐다. 두목은 변덕스러우면서도 잔인했기 때문에 그의 눈에 띄지 않는 것이 상책이었다. 그는 사람들을 함부로 대했으며, 그가 가는 곳엔 언제나 공포스럽고 위협적인 분위기가 조성되었다.

하지만 여기에 서 있는 새로운 대장은 완전히 달랐다. 그가 모습을 드러내면 모두 진심으로 기뻐하며 그의 곁으로 몰려갔다. 그에게는 다른 사람을 매료시키는 무언가가 있었다. 그것이 무엇인지 말로 표현하기는 어려웠지만 톰은 그것을 본받고 싶었다. 일단 그를 더욱 잘 알아야 했다. 그처럼 되기를 원한다면 말이다! '그와 같이 된다니…. 과연 그것이 가능하기는 할까?'

5장

밖으로 나가다

아이들은 매일 아침식사를 마치면 함께 모였다. 체력단련이나 군대식 훈련을 받기 위해서가 아니었다. 그들은 모여 서로 자신의 것을 나누면서 왕을 위한 노래를 불렀다. 톰은 도둑의 집에서는 단 한 번도 노래를 불러 본 적이 없었다. 그곳은 노래를 부를 이유가 없는 곳이었다. 그래서 이곳에서 친구들과 함께 노래하는 시간이 너무 즐거웠다.

그렇게 함께 노래하고 있으면 왕자가 들어왔다. 그가 자리에 앉아서 아버지와 그분의 왕국과 앞으로의 계획들에 대해 이야기하기 시작하면 모두가 쥐 죽은 듯이 조용해졌다. 톰은 몇 시간이라도 그렇게 앉아서 이야기를 들을 수 있을 것 같았다. 이야기가 흥미로워서만은 아니었다. 왕자의 목소리는 따뜻하고 감미로웠다. 그의 한 마디 한 마디가 톰의 가슴을 움직였다.

어느 날 왕자가 톰에게 말했다. "톰, 오늘 나와 함께 밖에 나가 보지 않을래? 너에게 세상을 좀 보여 주고 싶어!"

기대에 가득 찬 톰은 자기를 위해 마련된 작은 말 위에 올라탔다. 둘은 성문 쪽을 향해 말을 타고 달렸다. 왕자의 몸이 밝게 빛나고 있어서 다행이었다. 성 바깥은 너무 어둠침침하고 음산했기 때문이다. 그의 뒤에 바짝 붙어서 달려야만 길을 확실하게 볼 수 있었다. 더 신기한 것은 왕자에게 가까이 가면 추웠다가도 금세 따뜻해진다는 것이다.

'여기는 왜 이렇게 추울까?' 추위 때문인지 도둑 가족들과 보냈던 끔찍한 시간들, 그리고 꿈속에 나타났던 괴물들이 생각났다. 왕자가 말했다. "여기가 추운 이유는 다른 세력이 지배하려 하고 있기 때문이야. 너도 알지? 악의 세력 말이야! 그가 어두움과 공포, 추위를 확산시키고 있어. 너는 오늘 새로운 사실을 몇 가지 알게 될 거야. 그들이 어떻게 활동하는지, 그리고 내가 어떻게 승리하는지 말이야."

바로 그때 어떤 여자가 맞은편에서 오고 있었다. 그녀는 매우 무거워 보이는 짐을 짊어진 채 힘에 겨워 신음하고 있었다. 왕자가 말에서 내려서 이렇게 권했다. "제가 도와드릴까요? 짐을 덜어 드릴게요! 가서 좀 쉬세요!" 하지만 그녀는 고개를 내저었다. "아니요, 아무도 날 도와줄 수 없어요. 이것들은 내가 직접 짊어져야 하는 거라고요. 어릴 때부터 그렇게 배워 왔는걸

요!" 그리고 그녀는 계속 무거운 발걸음을 끌고 갔다. 톰은 그녀를 따라가서 물었다. "그 무거운 짐은 도대체 뭔가요? 그 배낭 속에 뭐가 들어 있어요?" "그야 물론 내 걱정거리들이지요. 남편과 자녀, 친척, 돈, 건강에 대한 걱정들이요. 그리고 미래까지도…. 사람 일은 모르는 거잖아요. 내일 당장 병에 걸릴 수도, 실업자가 될 수도 있으니까요. 휴, 정말 끔찍해요!"

톰은 고개를 흔들었다. '믿을 수 없어! 왜 도움을 받으려 하지 않는 거지? 왜 짐을 혼자서만 지고 가려 하는 걸까?' 왕자는 슬픈 눈으로 그녀를 바라보았다. "안됐어. 정말 돕고 싶었는데. 하지만 본인이 원하지 않는다면 아무것도 해 줄 수가 없어!"

주위가 더 어두워진 것 같았다. 우울해진 톰은 머리를 떨구고 거기에 그대로 서 있었다. 왕자가 말했다. "톰, 아직 저 여인을 완전히 잃은 건 아냐. 그녀를 도와주겠니? 그녀를 향해서 내 이름을 외쳐 봐. 그리고 무슨 일이 벌어지는가 한번 보렴! 비록 지금은 우리를 거절했지만 아직 기회는 있어."

지금까지 그런 일은 한 번도 해 본 적이 없었다. 하지만 톰은 그녀를 정말 돕고 싶었기 때문에 그녀를 향해 왕자의 이름을 외쳤다. 바로 그 순간, 톰은 밝게 빛나는 손 같은 것이 그녀를 덮는 것을 보았다. "그녀가 생각날 때마다 그렇게 하렴. 언젠가는 그 빛이 그녀를 덮고 있는 허물을 뚫고 지나가게 될 테니까!" 다시 함께 달리기 시작했을 때 왕자가 힘찬 목소리로 말했다. 톰도 흐뭇했다. '정말 멋진걸!'

그때 마침 한 무리의 아이들이 다가오고 있었다. 아이들은 길을 잃었는지 방황하고 있었다. 매우 지친 것처럼 보였다. 그중 가장 어린 아이는 계속 엄마를 부르면서 울고 있었다. "너희가 갈 곳을 알려 줄게. 날 따라와. 길을 가르쳐 줄 테니까." 왕자가 아이들에게 다가갔다.

그들은 왕자에게서 뿜어져 나오는 빛을 보고는 고개를 흔들었다. "싫어요, 그런 빛. 그런 건 존재하지 않아요! 그건 속임수에 불과해요. 우린 지금까지 그렇게 배웠어요. 빛은 이미 오래전에 사라졌다고요. 그래서 모두 어둠 속에 살아갈 수밖에 없다고요. 빛이 있다는 거짓말에 속아 넘어가서는 안 된다고요." 아이들은 우울한 표정으로 계속 걸어갔다.

톰은 왕자를 절망스럽게 바라보았다. 왕자도 슬픈 눈빛으로 고개를 끄덕였다. "맞아, 그게 문제야. 사람들은 진실보다 거짓을 더 믿으려 하지. 빛으로 나아오기보다는 어둠 속에 계속 머물러 있으려 해."

톰은 주위가 더 어두워진 것을 느꼈다. 그런데 갑자기 그들 중 작은 아이 한 명이 돌아섰다. 그 아이의 걸음으로는 다른 아이들을 쫓아갈 수가 없는 것 같았다. 그 아이는 또 한 번 뒤를 돌아보더니 그 자리에 그대로 멈춰 섰다. 톰은 좀전의 경험을 떠올리고는 아주 작은 소리로 그 아이를 향해 왕자의 이름을 외쳤다. 바로 그때였다. 또다시 그 밝은 빛의 손이 그 아이를 감싸더니 톰과 왕자에게로 이끌었다. 아이는 그 빛에 이끌려서 그들에게로 다가왔다.

환한 미소를 지으며 이 모든 과정을 지켜보던 왕자는 말에서 내려 아이에게로 가서 꼭 껴안아 주었다. "이리 와. 내가 집으로 데려다 줄게!" 이제는 아이도 환하게 빛나고 있었다. "톰, 내가 이 아이를 집에 데려다 주고 올 때까지 여기서 기다리고 있어. 금방 올게!" 아이의 뒤에 올라 탄 왕자는 톰에게 그렇게 말하고는 빠르게 달려갔다.

'잘 선택했어. 적어도 저 아이는!' 톰은 생각했다.

하지만 왕자를 기다리는 동안 톰은 서서히 지루해지기 시작했다. 이곳은 음산하고 도무지 편안하지가 않았다. 그의 말도 계

속 달리고 싶어 하는 것 같았다. 그래서 톰은 슬슬 앞으로 나아갔다. 그때 갑자기 사람들의 음성이 들려왔다. 가까이 가 보니 남자들이 나무 밑에 둘러 앉아 웃고 떠들며 술병을 돌리고 있었다. 톰을 보자 손짓을 하고 그들 가운데로 데려왔다.

톰은 이전에 두목이 가끔씩 술을 마셨던 것이 생각났다. 그와 동시에 우쭐한 기분이 들었다. 이 사람들은 적어도 자신을 어린 아이로 취급하지 않았기 때문이다. 톰은 그들 옆에 앉았다. 그리고 그들과 어울려 함께 웃으려고 애썼다. 사실 그 농담들이 전혀 웃기지도 않았다.

"이봐, 이 아이에게 마실 것 좀 줘! 우울해 보이잖아! 자, 마셔. 그러면 기분이 좋아질 거야!" 어떤 사람이 수염도 깎지 않은 얼굴로 말했다. 술잔을 받아든 톰은 망설였다. 독한 냄새가 코를 찔러 자기도 모르게 얼굴을 찡그렸다. "분위기 망치기는!" 누군가가 소리쳤다. 그 옆에 있던 사람이 말했다. "한 번쯤 마셔 보는 건 아무렇지도 않아! 맛보는 것 정도는 해가 되지 않는다고!"

  톰은 한 모금만 마셔 보기로 하고 그 병을 입에 갖다 댔다. 순간 누군가가 뒤에서 소리쳤다. "그런 건 너에게 필요하지 않아, 톰. 너도 알잖니, 행복이 어디서 오는지를!" 톰이 뒤를 돌아보자 왕자가 서 있었다. 톰은 그 병을 다른 사람에게 주고 얼른 일어나서 말에 올라탔다. 그 사람들의 거친 음성들이 계속 들려왔다. 자신을 응시하던 붉게 충혈된 눈과 험상궂은 얼굴들도 자꾸 떠올랐다. 그들은 포악하고 거친 표정으로 톰을 쳐다보고 있었다. 정말 소름끼쳤다!

  '대체 어쩌다가 이런 일이 벌어진 거지?' 톰은 왕자를 기다리고 있어야 했는데 그러지 않은 것이다. '나에게 화가 나진 않았을까? 제발 아니면 좋겠는데….' 톰은 더 이상 견딜 수가 없었다. 이 불편한 마음을 빨리 해결하고 싶었다. 속도를 내서 앞으로 다가가 왕자의 얼굴을 보고 말했다. "저…, 용서해 주세요…." "괜찮아, 톰! 아깐 정말 위험했지?" 그는 톰을 지그시 바라보았다. "이런 일이 다시는 일어나선 안 돼. 그 병에는 독주가 들어 있었어! 그것을 마시고 나면 거기서 다시 빠져 나오기가 아주 힘이 들지. 게다가 너는 거짓말에 걸려든 거야. 한 번 마시는 게 아무것도 아니라니! 이제 다 잊고 나를 따라오렴! 우린 아직 할 일이 있어." 그는 톰의 어깨에 손을 올리고 말했다. 이렇게 해서 둘은 친구처럼 계속 말을 타고 달렸다.

잠시 후 그들은 허름해 보이는 오두막에 이르러 말에서 내렸다. 열려 있는 창문으로 혼자 침대에 누워 있는 어떤 노인의 모습이 보였다. 쇠약하고 병들어서 더 이상 일어설 수가 없는 것 같았다. 떨리는 손으로 작고 검은 책을 아주 힘겹게 간신히 들고 있었다. 그는 계속 똑같은 문장들을 반복해서 읽고 있는 것 같았다. 아주 간절하게….

똑! 똑! 똑! 왕자가 문을 두드렸다. "들어오시오." 왕자는 들어가서 침대 옆에 앉아 부드럽게 말을 꺼냈다. "당신이 저에게 도와달라고 부탁하셨군요. 이제 제가 왔습니다. 지금 당신을 고쳐 드릴게요." 그러자 노인은 깜짝 놀라서 그에게 말했다. "아니오, 내 병은 내가 견뎌야만 하오. 책에 이렇게 써 있소. 병과 고통은 왕께서 주신 것이라고 말이오. 이 병을 견뎌내지 않으면 나는 그분에게로 갈 수가 없소! 이게 그분의 뜻이란 말이오! 보시오. 여기 이렇게 써 있지 않소." "그건 거짓말이에요!" 더 이상 가만히 있을 수가 없던 톰이 소리쳤다. "왕은 그렇게 나쁜 분이 아니라고요! 눈을 뜨고 여기를 보세요. 여기 누가 있는지 말이에요. 이분은 당신을 정말 건강하게 해 주고 싶어 하신다고요!" "아니야." 노인은 탄식하며 말했다. "오늘날에는 더 이상 그런 기적이 없어. 안타깝게도! 이전에는…, 그래, 이전에는 그게 가능했었지. 허나 이미 오래전 일이라고!"

하지만 톰은 물러서지 않았다. 그리고 왕자는 톰이 그 노인에게 열심히 설명하는 것을 흐뭇한 표정으로 듣고 있었다. 톰은 왕이 얼마나 선하신 분인지, 자신이 무엇을 체험했는지, 누가 그 대가를 치렀는지에 대해 얘기했다. 그리고 왕자에 대해 알고 있는 것도 모두 말했다. "얘야, 넌 참 확신 있게 말하는구나! 왕에 대해서 그렇게 얘기해 주는 사람은 아무도 없었는데!" 노인은 놀란 표정으로 말했다. 그러고는 왕자를 한참동안 바라보았다. "믿을 수도 있을 것 같군요. 하지만 이제는 더 이상 소용이 없습니다. 전 이미 늙어 버렸는 걸요! 당신이 제게 조금만 더 견뎌낼 수 있는 힘만 주신다면 그것으로 족하겠습니다!"

왕자가 미소를 지었다. "그렇게 하는 것도 물론 좋겠죠. 하지만 저는 당신이 앞으로 몇 년 동안 아주 건강하게 살 수 있도록 해 드리겠습니다. 저는 당신을 통해 이루어질 특별한 계획을 생각하고 있거든요." "저를 통해서요?" 노인은 놀랐다. 그의 눈가에 금세 행복한 미소가 번졌다. 오랜만에 지어 보는 웃음이었다. "좋습니다! 그럼 저를 건강하게 해 주십시오!" 그는 왕자에게 자신의 야윈 팔을 뻗었다. 왕자는 그의 두 손을 잡았다. 순간, 어떤 빛이 노인의 몸을 통과했다. 그리고 노인은 거짓말처럼 기운을 차리고 일어나 앉았다.

"이럴 수가!" 톰이 흥분된 목소리로 외쳤다. 노인은 침대에서 일어나 조심스럽게 한 걸음 한 걸음 내딛었다. 다시 건강해진 자신의 몸을 믿을 수 없다는 듯이 구석구석 살폈다. 그리고 벅찬 표정으로 왕자를 보았다. 옆에 있는 톰도…. 셋은 감격에 차서 함께 울었다.

"지금도 기적이 가능하다니!" 노인의 목소리는 젖어 있었다. "당신이 이렇게 찾아와 주셨군요! 이웃들에게 빨리 알려야겠습니다!" 왕자가 말했다. "바로 그 일을 위해 치유된 겁니다. 제가 무엇을 할 수 있는지 전하기 위해서 말이에요." 오두막 전체가 환하게 빛나고 있었다. "톰, 우린 계속 길을 가야 해. 너에게 놀라운 일을 더 보여 줄게!"

톰은 여전히 벅찬 감동에 젖어 있었다. 이 모든 것은 그날 하루 동안 일어난 일이다. 톰이 체험한 것, 왕자가 해낸 것, 그리고 톰이 옆에서 그를 도울 수 있었던 것 말이다!

6장

기적을 보다

왕자는 물론 이 모든 것을 혼자서 다 해낼 수도 있었다. 혼자라면 아마 훨씬 더 빨리 했을 것이다. 하지만 톰과 함께 일하는 것은 그에게 크나큰 즐거움이었다. 왜냐고? 간단하다. 그가 톰을 좋아하기 때문이다! 톰도 그것을 느꼈다. 안장 위에 앉아 있는 톰의 모습은 몰라보게 성숙해 있었다. 만약 도둑들이 지금의 톰을 본다면 눈이 휘둥그레질 것이다. 이제는 도둑들을 떠올릴 때마다 그를 사로잡던 두려움도 사라졌다. 한참이 지난 후에도 등골이 오싹해지도록 떨게 만드는 그런 두려움이었다. 그러나 이제는 왕의 아들이 친구처럼 옆에 있어 주니 도둑들은 말할 것도 없고 그 누구도, 그 무엇도 두려워할 필요가 없었.

갑자기 톰의 머리에 누군가가 떠올랐다. 도둑의 집에 있을 때 함께 지내던 제니라는 여자아이였다. 동그랗고 애처로운 눈을

가진 제니의 모습이 눈에 선했다. 제니는 그곳에서 톰보다도 더 처량하게 지냈다. 태어날 때부터 등이 굽어 있는 제니는 위를 쳐다볼 수가 없었다. 흉측한 외모 탓에 다른 아이들과 어울리지 못하는 제니를 아이들은 짓궂게 놀리며 괴롭히곤 했다. 그 가엾은 아이는 톰처럼 다른 아이들을 피해 달아나거나 나무에 기어오르지도 못했다. 아무런 저항도 못한 채 간절한 눈빛으로 톰을 바라볼 뿐이었다. 톰의 가슴 깊은 곳까지 파고든 그 눈빛에 톰은 왠지 모를 아픔을 느꼈다. 하지만 톰은 제니를 도울 수가 없었다. 그랬다가는 삶이 더 고달파지기 때문이었다. 하지만 지금은…, 가능하지 않을까? 톰은 왕자와 그 문제에 대해 얘기해 봐야겠다고 생각했다.

"도둑의 집에 살던 여자아이가 지금 갑자기 떠올랐어요. 제니라는 아이예요!" 왕자는 미소를 지으며 고개를 끄덕이더니 주위를 둘러보라고 했다. 고개를 돌려 주변을 둘러보던 톰은 깜짝 놀랐다. 톰에게 무척 익숙한 곳이었다. 그들은 이미 제니에게로 가는 중이었다! '아, 이게 바로 아까 왕자가 얘기했던 놀라운 일이구나!'

바로 그때, 신음소리가 들려왔다. 그 소리는 좁은 골목에서 새어 나오고 있었다. 톰과 왕자는 소리 나는 쪽으로 다가갔다. 사람 그림자조차 보이지 않는 외진 곳이었다. 한쪽 구석에 넝마를 입은 작고 초라한 무언가가 몸을 부르르 떨며 딱딱한 바닥에 웅크리고 있었다. 제니였다! 언제나 그랬듯이 주변을 엉망진창으로 만든 도둑들이 그녀를 거기에 버려둔 것이 틀림없었다.

톰과 왕자가 다가가자 제니는 깜짝 놀라서 주위를 살폈다. 그녀의 크고 힘없는 눈에 순간 톰을 알아보는 듯한 빛이 스쳐 지나갔다. 하지만 그 눈에는 의심과 두려움, 불안감이 함께 서려 있었다. "제니! 두려워할 필요 없어. 우리는 널 해치지 않아." 톰은 부드럽게 말하며 안심시켰다. 그리고 왕자에게 말했다. "저 아이를 도와주세요! 주님은 하실 수 있잖아요!" (톰은 이제 왕자를 주님이라고 부르고 있었다.) 그들은 그녀에게 다가가서 바닥에 앉았다.

"여길 잘 봐!" 왕자가 말하며 톰의 눈을 손으로 쓸어내렸다. 그러자 이제까지는 보지 못했던 것이 눈에 띄었다. 크고 검은 손이 제니의 등을 움켜쥐며 짓누르고 있는 것이었다. 어찌나 끔찍하던지! '저게 대체 누구의 손이지? 어떻게 해야 할까?' 왕자는 톰의 생각을 알아차린 듯 말을 이었다. "톰, 이 아이는 저주를 받았단다. 제니가 태어난 순간 이 아이의 아버지가 저주를 내뱉었어. 여자아이라고 해서 그런 거지. 이제 내가 이 아이를 치료할 거야. 넌 여기서 내가 하는 일을 도울 수 있어. 소녀의 아버지가 내린 저주에 맞서 내 이름을 외치기만 하면 돼!"

톰은 그 이름의 능력을 몇 번이나 체험했기 때문에 힘 있게 외칠 수 있었다. 그러자 어떤 밝은 빛의 손이 그 검은 손 위를 덮더니 모래알처럼 산산이 부수기 시작했다. "이제 등을 펴라고 명령해 보렴, 톰!" 하지만 톰은 망설였다. 그건 정말이지 말도 안 되는 일이라고 생각했기 때문이다. '등을 펴라고 명령하다니! 제대로 들은 걸까? 농담 아닐까?'

톰은 의문과 의심에 찬 눈으로 왕자를 바라보았다. 하지만 그는 용기를 주는 듯한 표정으로 고개를 끄덕였다. 톰은 여전히 어리둥절했다. '대체 지금 무슨 말을 하라는 거지?'

"어서 하렴, 톰! 치료하는 사람은 나야. 너는 그저 옆에서 말만 해 주면 되는 거야!" 그가 다시 말했다. 톰은 아주 작은 소리로 떠듬떠듬 말했다. "너… 너보고 몸을 펴 보래. 네 등을! 나의 주님이 말씀하셨어." 톰은 곧 덧붙여 말했다. "주님 이름의 능력

으로!"

그러자 제니의 등뼈에서 삐그덕거리는 소리가 몇 번 들렸다. 순간 톰은 자기 눈을 의심했다. '어떻게 이런 일이!' 태어날 때부터 굽어 있던 제니의 등이 점점 펴지고 있었다! 천천히 등을 편 제니는 평생 한 번도 보지 못한 하늘을 바라보았다. 눈앞에 있는 나무들과 푸르고 멋진 하늘을….

자신에게 일어난 이 놀라운 일에 할 말을 잃은 제니는 동그래진 눈으로 왕자를 바라보았다. 왕자가 친절한 손길로 일으켜 세우자 제니는 다시 한 번 자기 자신을 훑어보았다. '이제 나는 더 이상 불구가 아니야!' 제니는 그동안 해 보지 못했던, 그러나 그토록 해 보고 싶었던 모든 것을 해 보았다. 고개를 뒤로 젖혀도 보고, 몸을 돌려 보기도 하고, 똑바로 걷다가 폴짝 뛰기도 하고…. 기쁨에 겨워 껑충 뛰며 춤을 추다가 팔을 벌리고 있는 왕자에게 폭 안겼다. 제니를 안은 왕자의 얼굴에는 그녀보다 더 환한 미소가 넘쳤다. 제니는 톰도 껴안고 울면서 말했다. "고마워! 정말 고마워!" "제니도 우리와 함께 가도 될까요?" 톰이 왕자에게 물었다. "물론이지. 제니가 원한다면 말이야."

제니는 눈을 반짝이며 그들을 따라갔다. 성에 도착하자마자 톰은 제니를 아버지께 데려갔다. 왕이 그 작은 여자아이를 사랑스럽게 껴안아 주는 모습은 너무도 감동적이었다. 제니는 목욕을 하고 새 옷으로 갈아입을 때까지 그분의 품 안에 안긴 채 푹 쉬었다. 제니의 머리 위에 왕의 자녀들이 쓰는 왕관이 씌워졌을 때 톰은 너무 놀랐다. '그 초라하던 제니가 이렇게 바뀌다니!' 제니는 너무도 아름다워져 있었다. 톰은 친구들에게 제니를 자랑스럽게 소개했다.

톰은 이제부터 틈나는 대로 제니와 함께 시간을 보내며, 이곳에 있는 모든 것들을 제니에게 보여 주겠다고 마음먹었다. 또 여기서 어떻게 생활하며 무엇을 알아야 하는지에 대해서도 모두 이야기해 주어야겠다고 생각했다. 자신은 벌써 몇 가지를 경험했으니까! 제니 역시 모든 것을 알고 싶어 했다. 그녀는 이미 다른 사람들도 이 성에 데려와야 한다는 생각에 들떠 있었다. '멋진 일일 거야!' 톰은 기뻤다. '제니와 함께라면 훨씬 더 신날 거야!'

7장

무적이라고?

하지만 바로 다음 날부터 톰은 실망하고 말았다. 그리고 조금씩 질투심 같은 것이 생기기 시작했다. 제니는 아버지의 무릎 위에 앉아 있는 것을 좋아했다. 그녀는 아버지 품 안에 안겨 아버지를 말없이 바라보기도 하고, 눈을 감고 그분의 음성을 듣기도 했다. 제니에게 그것보다 소중한 것은 없는 듯 보였다. 한편으로는 이해가 되기도 했다. 제니는 상처가 많은 아이였다. 아주 어릴 때부터 도둑 아버지로부터 비난과 욕설 등 온갖 학대를 받으며 살았기 때문이다. 그로 인한 상처는 오직 이곳에서만 치유될 수 있었다. 톰도 그것을 알고 있었다.

하지만 다른 한편으로는 시간이 아깝다는 생각도 들었다. 빨리 무언가를 해야 한다는 생각이 내내 머릿속을 맴돌았다. 커다란 창문으로 바깥을 내다보거나 울타리에 앉아서 바깥세상이 어떻게 돌아가고 있는지 바라볼 때마다 이제는 뭔가 '행동'을 하고 싶다는 충동이 일었다. 굶주림과 어둠은 계속해서 퍼져 나가고 있었다. 하지만 여기 성 안에서는 사람들이 전쟁과 승리에 대해 이야기하며 찬양만 하고 있을 뿐이었다. '도대체 언제쯤 그 대단한 전쟁을 치른다는 거지?' 톰은 뭔가를 구체적으로 준비하고 싶었다.

그런 의미에서 어제 저녁에 성문 앞에서 그 친절한 상인을 만난 건 행운이었다. 적어도 그 사람만큼은 이제 강한 소년이 되었는데 아직 아무것도 하지 않은 채 빈둥거리는 것에 대한 톰의 불만을 이해했다. 그는 톰에게 검을 하나 선물했다. "이 검은 작고 다루기 쉬워서 너에게 딱 맞을 거야." 하지만 그것은 상당히 날카로웠다. 그는 톰에게 독특하게 생긴 목걸이도 선물했다. 상인은 톰의 귀에 대고 속삭였다. "이것은 비밀스런 힘을 가지고 있어서 검과 함께 지니고 있는 한 그 누구도 너를 이길 수 없을 거야." 그러고는 덧붙였다. "하지만 조건이 있어. 이 사실을 아무한테도 말하지 않아야만 효력이 있지. 어때? 톰, 비밀을 지킬 수 있겠지?" "좋아요!" 톰은 들뜬 목소리로 대답하며 고개를 끄덕였다.

기분이 좋아진 톰은 그것을 목에 걸다가 그만 쓰고 있던 왕관을 떨어뜨렸다. 상인은 재빨리 왕관을 주워 자기 가방에 넣고는 아무렇지도 않은 듯 웃으며 말했다. "이런 건 이제 더 이상 필요하지 않단다. 이건 싸울 때 거추장스러울 뿐이야." 그 말을 듣는

 순간, 톰은 뭔가에 머리를 맞은 것 같았다. 하지만 그 남자는 이미 어디론가 사라져 버린 후였다. 그저 멀리서 낯선 웃음소리만 들릴 뿐….
 톰은 목걸이를 자세히 들여다보았다. 매우 낡고 묵직했다. 위쪽에는 원 안에 동물 모양이 그려져 있었다. '과연 여기서 비밀스런 힘이 나올까?' 순간적으로 몸에 힘이 솟는 것처럼 느껴졌다. '어, 정말이네!' 갑자기 싸움에 대한 억제할 수 없는 욕구가 생겨났다. 당장 내일 아침에라도 싸우러 나갈 수 있을 것 같았다. 이제 다른 사람 몰래 그 물건을 잘 보관하기만 하면 된다. 톰은 그 보물을 가지고 자기 방으로 살그머니 들어갔다.
 다음 날 아침 눈을 뜨자마자 톰의 마음속에는 빨리 싸우러 가고 싶은 욕구가 가득했다. 아버지께 드리는 아침인사와 훈련을 위한 모임도 오늘만큼은 빠질 수 있었다. 계속해서 들리는 찬양 소리가 갑자기 그의 기분을 건드렸다. '저런 건 더 이상 의미가 없어! 지금은 싸움을 실천하는 게 더 중요해. 그리고 제니는…, 어차피 아버지와 함께 있는 걸 더 좋아했으니까 뭐.'

검을 옆에 차고 목걸이를 목에 건 톰은 벌써 성문 앞까지 가 있었다. 그리고 마치 뭔가에 이끌리듯 밖으로 나갔다. 웬일인지 오늘따라 안개가 많이 껴 있어서 제대로 걷기가 힘들었다. 멀리서 웃음소리가 들리는 것 같기도 했다. 어제 저녁 그 상인이 떠나갔을 때 들리던 소리와 비슷했다. '아닐 거야. 혹시 비명 소리가 아닐까? 그래, 누군가가 도움을 필요로 하는 게 분명해!'

톰은 검과 목걸이를 가지고 있어서 다행이라고 생각했다. 이제 드디어 그것들을 사용할 수 있게 된 것이다. 톰은 비명 소리가 들리는 쪽으로 서둘러 갔다. '끔찍한 일이 벌어진 모양이야! 누군가 큰 위험에 빠진 게 틀림없어.' 발이 몹시 아팠다. 벌써 몇 번이나 나무뿌리와 가시덩굴에 걸렸는지 모른다. 하지만 급한 마음에 그것들을 뿌리치고 계속 달렸다.

나뭇가지는 톰의 앞을 가로막기도 하고 눈을 찌르기도 했다. 손에서는 피가 났다. 너무 아파서 소리 내어 엉엉 울고 싶었다. '그런 행동은 영웅에게 어울리지 않아!' 톰은 이를 꽉 물고 약한 모습을 보여서는 안 된다고 다짐했다. 위협에 처해 있을 누군가를 도와야 했기 때문이다. '이쪽 방향으로 가면 그 사람한테 갈

수 있을 거야.' 톰은 검을 꽉 쥐었다. 그러자 용기가 생겨 아무도 자신을 위협하지 못할 것 같았다. '그 상인이 그랬어. 아무도 나를 이기지 못할 거라고! 그래, 앞으로 가는 거야! 앗, 근데 이게 뭐지?' 갑자기 바닥이 아래로 꺼지더니 그대로 미끄러져 내려갔다. 끝도 없이 계속해서 저 아래로 치달았다. 두려움이 톰

의 온몸을 조여 왔다. '도대체 얼마나 깊이 내려가는 걸까?'

톰은 뭔가 물컹한 곳에 빠지면서 멈췄다. 질척거리고 차갑고 불쾌한 느낌의 늪이었다. 가슴 높이까지 빠졌는데도 바닥이 닿질 않았다. 섬뜩했다. 어둠 속에서 허우적거리던 톰은 뭔가 딱딱하게 잡히는 것을 찾았다. 죽은 나무 같았다. 톰은 일단 그것을 붙잡고 중심을 잡았다. 간신히 위기를 모면했다는 생각이 들자마자 머릿속을 스치는 것이 있었다. '검이 어디 있지? 안 돼! 그건 꼭 있어야 하는데….' 다급해진 톰은 한 손으로 나무를 붙들고 버티며 다른 손으로 검을 찾았다. '아, 여기 있구나!' 마치 누군가가 옆에 갖다 놓은 것처럼 바로 옆에 검이 있었다. '다행이야!' 톰은 안도의 숨을 쉬며 검을 다시 칼집에 꽂고는 잠시 쉬었다. 그러고는 나무줄기를 타고 딱딱한 바닥이 있는 쪽으로 기어 올라갔다.

'여기가 어디지?' 갑자기 어디선가 쉬- 쉬- 하는 이상한 소리가 들렸다. 고개를 돌려 보니 번득이는 눈들이 자신을 노려보고 있었다. 또다시 쉬- 쉬- 하는 소리가 들리더니 이번엔 붉은 화염 같은 것이 다가왔다. '세상에!' 그 불 속에 커다란 뱀의 머리가 보였다! 더 끔찍한 것은 누군가가 그의 발을 붙들고 있는 것처럼 그곳을 빠져 나올 수가 없다는 것이었다. 그 뱀의 눈으로부터 나오는 알 수 없는 힘이 톰을 꼼짝못하게 붙들고 있었다. 소름끼치는 뱀의 머리가 톰에게로 점점 가까이 다가왔지만 톰은 피할 수가 없었다. 그 쉬- 쉬- 하는 소리는 점점 더 분명하고 또렷하게 들려왔다. "너는 내 것이이이다- 너는 내 것이이이야-" "그렇지 않아!" 톰은 있는 힘을 다해 외쳤다. 그러자 뱀이 킬킬거리며 웃는 것 같았다. 뱀이 내는 온갖 소리들에 톰은 소름이 끼쳤다.

  뱀은 톰의 주위를 돌더니 그의 몸을 타고 휘감아 올라가기 시작했다. 톰은 뱀의 무게에 압사할 것만 같았다. 다행히 아직 팔을 움직일 수는 있었다. 뱀이 톰의 뒤통수를 바라보고 있을 때, 얼른 검을 뽑아들고는 머리를 최대한 세게 내리쳤다. 그런데 이게 어찌된 일인가! 그 검은 마치 유리처럼 산산조각이 나고 말았다! 녹슨 손잡이만이 톰의 손에 남아 있었다. 싸움에 진 것이다! 톰은 더 이상 자신을 지킬 방법이 없었다. 소리치는 것밖에는! 하지만 여기서 누가 그의 목소리를 들을 수 있을까? 누가

이 어려운 상황에서 톰을 도울 수 있을까?

　순간 어떤 기억이 톰의 머리를 스쳐갔다. '맞아! 전에도 비슷한 경험이 있었지!' 며칠 전 꿈이 떠올랐다. 꿈속에서 톰이 어떤 이름을 외치자 그 이름이 톰을 구해냈다. '그런데…, 무슨 이름이었지?' 톰은 그 이름을 잊어버리고 말았다. 아무리 노력해도 생각나지 않았다. 그래서 톰은 단지 "도와주세요!" 하고 목청껏 외치기만 했다. 아무런 응답이 없었다. 이제 쉬-쉬- 하는 소리는 사방에서 들리고 있었다. "넌 우리 거야! 넌 우리 거야!" 겁에 질린 톰은 이제 자신이 할 수 있는 것은 아무것도 없다고 생각했다. '이제 나는 죽는구나….'

　그때였다. 그 속에 섞여 있는 뭔가 다른 소리가 들렸다. 어떤 아이의 밝은 목소리였다. 그 목소리가 점점 더 가까이 들려왔다. 자세히 들어 보니 다름 아닌 찬양이었다. 찬양소리가 커지자 뱀들은 불안해하더니 속삭이기를 멈추고는 슬슬 물러서기 시작했다. 톰을 휘감고 있던 뱀도 가만히 찬양소리가 들리는 쪽을 바라보았다.

　톰은 그저 어리둥절할 뿐이었다. 나무들 틈으로 작은 소녀가 보였다. 그 소녀는 찬양을 부르며 점점 가까이 오고 있었다. 제니였다! "제니! 가까이 오지 마! 빨리 도망가! 여긴 위험해!" 하지만 제니는 전혀 두려워하지 않고 오히려 찬양을 부르며 더 가까이 다가오고 있었다. 한 걸음 한 걸음씩…. 신기하게도 뱀은 꿈쩍도 하지 않았다. 방금 전까지는 뱀의 눈이 톰을 제압했지만, 지금은 제니의 찬양이 뱀을 제압하고 있었다. 뱀은 그저 소리만 내고 있을 뿐이었다. "넌 내 것이야. 내 표시를 갖고 있잖아!"

제니가 그 뜻을 깨닫고 소리쳤다. "톰, 그 물건! 멀리 던져 버려!" '아, 목걸이 말인가? 그 무엇도 날 이길 수 없게 해 준다던 부적인데? 그래, 그 검도 아무런 가치가 없었지. 그렇다면 이 모든 게 거짓이었단 말인가?' 톰은 단호하게 그것을 목에서 잡아 빼어 늪 속으로 던져 버렸다. 갑자기 뱀의 몸이 거짓말처럼 축 늘어졌다. 톰의 다리를 휘감던 힘도 잃은 채…. 그 다음, 놀랍게도 제니는 커다란 뱀의 눈을 노려보더니 한 마디를 외쳤다. 바로 그 이름이었다! 아무리 기억하려고 애써도 떠오르지 않았던 이름! 그러나 톰이 너무 잘 알고 있는 이름! 그것은 바로 주님의 이름이었다! 톰은 그 이름의 놀라운 능력에 다시 한 번 감탄했다. 뱀의 머리와 몸이 마치 벼락을 맞은 듯 땅 위로 떨어졌다. 그것이 뱀의 최후였다.

하지만 톰은 아직 거대한 몸집에 감겨 있었다. '여기서 어떻게 빠져나가지?' 제니에게 해결책이 있었다. 그녀에게는 검이 한 개 있었다. 작지만 피처럼 붉은 칼날이 상당히 날카로워 보였다. 제니가 검으로 가볍게 내리치자 톰을 휘감고 있던 뱀의 그 징그럽고 거대한 몸체가 거침없이 잘려 나갔다. 뱀에게서 빠져 나온 톰에게는 빨리 이곳을 떠나야겠다는 생각밖에 없었다.

8장

치유된 내면

주위가 조용해졌다. 제니는 톰의 손을 잡고 나무들 사이를 지나 자신이 왔던 길을 말없이 가고 있었다. 골짜기 위쪽 끝에 이르자 안개가 걷혔다. 톰은 지칠 대로 지쳐 있었다. 눈과 허리, 발바닥까지 온몸이 안 아픈 데가 없었다. 무엇보다 지쳐 있는 건 놀라고 상한 마음이었다. 톰은 풀밭 위로 쓰러져 큰 소리로 엉엉 울기 시작했다.

  옆에 앉아서 조용히 기다리던 제니는 톰이 어느 정도 안정을 찾자 그의 머리를 쓰다듬어 주었다. "가엾은 톰! 대체 어떻게 된 일이야?" '정말 어디서부터 잘못된 거지? 맞아! 그 검과 목걸이야. 검과 목걸이에 대한 거짓말! 근데 나는 왜 그 낯선 상인의 꼬임에 그렇게 쉽게 넘어갔을까?'

  그 상인은 톰을 완전히 기만했다. 그는 단순히 톰을 속이는 것 이상의 악한 의도를 갖고 있었다. 순간 그 웃음소리가 톰의 머리를 스쳐갔다. '도움을 청하는 듯하던 그 비명 소리는 과연 정말이었을까? 아니면 함정이었을까?' 상인의 거짓과 꼬임에 넘어가는 톰은 죽을 뻔한 함정에 빠지고 말았던 것이다. 소름이 끼쳤다.

톰이 놀란 것은 그뿐만이 아니었다. 제니가 자신을 구했다는 사실 또한 톰에게는 충격이었다. 많고 많은 아이 중에 이 작고 연약한 소녀가 톰을 구한 것이다! 믿기 어려웠다. 제니는 톰이 위험에 처해 있다는 사실을 도대체 어떻게 알았을까? 그 검은 어디서 구한 것일까? 이전에는 없던 침착함과 용기는 어떻게 생긴 것일까?

제니는 이야기를 시작했다. "난 아버지와 함께 있었어. 오랫동안. 그 시간은 언제나 그랬듯이 아주 행복했지. 어느 날 아버지께서 내게 물으셨어. 왕자를 위해 한 가지 임무를 수행해 보지 않겠느냐고 말이야. 물론 나는 기쁜 마음으로 왕자님에게 갔지. 그런데 왕자님이 이렇게 말하는 거야. 네가 위험에 처해 있다고. 나보고 너를 거기서 구해 주라고…. 난 아직 경험도 없고 너무 연약하다고 대답하려 하는데 왕자님이 내게 검을 건네 주었어. 피처럼 붉은 칼날을 보고 난 소스라치게 놀랐지. "피……?" 나는 의아한 시선으로 왕자님을 바라보았어. "나의 피란다!" 그분의 대답에 난 더 이상 아무 말도 할 수 없었지. 왕자님은 임무를 수행하기 위해서는 강력한 무기가 필요한데 이

검과 그의 이름이 이 세상 어떤 무기보다 강하다고 하셨어. 그러니까 방패나 투구 같은 것은 따로 필요 없다고…. 왜냐하면 내가 왕의 아이고 내 왕관이 바로 투구이기 때문이래. 그리고 내가 받은 그 새 신발을 신고 내가 이미 알고 있는 왕의 노래를 부르기만 하면 된다고 했어. 모든 원수들이 바로 그것을 두려워한다는 거야. 그것들만 있으면 어떤 싸움에서도 이길 수 있다는 거지. 난 곧바로 왕자님이 가르쳐 준 길로 달려 나왔어. 널 찾을 때까지 말이야."

톰의 뺨 위에 눈물이 흘렀다. '해서는 안 될 일을 몰래 했던 나를 위해서, 왕을 배신하고 원수의 도움을 받아들였던 나를 위해서, 어리석고 아무데도 쓸모없는 나를 위해서!' 톰은 모든 것을 엉망으로 만들고 왕관마저 잃어버렸다는 생각에 다시 풀밭 위에 쓰러져서 엉엉 울었다.

제니는 빨리 집에 가서 아버지를 만나자고 했다. 하지만 톰은 일어설 수 없었다. 이 상태로는 도저히 왕 앞에 나갈 수 없을 것 같았다. 왕관마저 잃어버렸으니까…. '내가 아직도 왕의 자녀일까? 과연 그분의 성에 다시 들어가도 될까? 다른 친구들은 뭐라고 말할까? 친구들 얼굴을 어떻게 보지? 분명 제니도 나 같은 실패자, 배신자하고는 더 이상 친구로 지내고 싶지 않을 거야.'

톰이 고개를 들자 멀리서 광채가 나는 어떤 큰 형체가 자신을 향해 급히 오고 있는 것이 보였다. '주님이시다!' 흥분한 톰은 두 팔을 벌리고 있는 그에게로 있는 힘껏 달려갔다. "내 동생아!"

왕자는 이 한 마디만 했을 뿐이다. 하지만 왕자의 품에 안긴 톰은 그 깊은 의미를 깨닫고 있었다. 자신이 영원히 주님께 속해 있다는 사실, 그는 결코 자신을 곤경에 처하게 하지 않을 거라는 사실, 그는 무한히 강하며 또 자신을 무한히 사랑하기 때문에 어떤 위험에서도 구해 줄 거라는 사실을…. 톰은 그 사실을 깨닫고는 그 깊은 사랑에 몸을 맡겼다. 톰을 데려왔던 제니는 흐뭇하게 바라보고 있었다. "성으로 가자. 거기서 네 상처를 치료해 줄게." 왕자가 말했다. 사실 톰은 어린아이처럼 주님의 등에 업혀 가고 싶었다. 하지만 도저히 제니 앞에서 그럴 수는 없었다. 톰은 절뚝거리며 힘겹게 그들 뒤를 따라 성으로 갔다.

저녁때가 되었다. 성에 도착하자마자 톰은 바로 자기 침대 위에 누웠다. 다른 아이들은 막 저녁을 먹기 시작한 참이다. 톰은 아이들이 자신의 지저분하고 초라한 모습을 보지 않아 다행이라고 생각했다. 잠시 후 왕자가 톰을 위해 수프를 접시 가득히 가져왔다. 어찌나 맛있던지! 톰이 수프 한 접시를 다 비우는 동안 왕자는 흐뭇한 미소를 지으며 그를 바라보고 있었다.

왕자는 어떤 질문도 하지 않았다. 이를테면 "왜 몰래 빠져 나갔니?" "싸울 시기를 내가 더 잘 결정할 거라고 생각하지 않은 거야?" "어떻게 다른 사람의 무기를 내가 주는 것보다 더 신뢰할 수 있었지?"와 같은 질문은 전혀 하지 않았다. 오직 이렇게만 물었다. "날 믿니, 톰?" "네." 영혼 깊숙한 곳으로부터 나오

는 진실한 대답이었다. 그리고 이렇게 덧붙였다. "주님을 위해 뭐든지 할게요! 주님을 정말로 사랑해요! 다시는, 다시는 다른 사람을 따르지 않을게요!"

"고맙구나!" 왕자는 기뻐하며 톰의 다친 눈, 아랫배와 다리, 그리고 상처투성이인 발바닥을 정성껏 어루만져 주었다. 그의 손길이 닿는 순간 상처가 아물고 통증도 사라졌다. 그러나 그는 이렇게 말했다. "톰, 치료할 게 아직 남았단다. 이런 일이 일어나게 만든 근본원인을 마음속에서 찾아 내야 해. 눈을 감고 네 자신을 들여다보렴. 내가 보여 줄게."

톰은 눈을 감았다. 곧 도둑이 살던 좁은 골목과 추운 집 그리고 거기에 서 있는 작은 남자아이가 보였다. 바로 톰 자신이었

다! 몸집이 조금 더 큰 형이 톰을 때리자 옆에 있는 다른 형들이 야비하게 웃었다. "애송이! 저 녀석은 정상적인 사람이 될 수 없을 거야!" 두목의 말이었다. 톰은 그 말을 들었을 때 어떤 느낌이었는지, 그리고 마음속에 어떤 결심을 했었는지 기억해 냈다. "반드시 보여 주겠어! 난 영웅이 될 거야! 그리고 복수할 거야!"

신기한 일이었다! 두목의 말을 듣는 순간 검고 기다란 가시 같은 것이 위에서 내려와 톰의 가슴에 꽂혔다. 그 가시는 거센 힘으로 톰을 짓누르면서 그의 귀에 대고 계속해서 "애송이! 애송이!" 하며 속삭였다. 그 가시들은 톰의 내면을, 모든 생각들을, 그리고 감정들을 위아래로 잡아당기면서 톰을 세뇌시켰다. "그들에게 보여 줘! 보여 줘! 넌 영웅이 되어야 해! 영웅이 되어야 해! 복수해! 복수해!"

이제 또 다른 장면이 펼쳐졌다. 톰은 절망스러운 상황에 놓인 자신을 발견했다. 그는 스스로를 애송이라고 느끼고 있었고, 영웅이 되어야 한다고 생각하고 있었다. 그리고 남들 앞에서 훌륭한 모습을 보여야 한다고 느끼기도 했다. 단 한 번이라도 약한 모습을 보여서는 안 된다고, 있는 모습 그대로 살아서도 안 된다고 생각했다. 늘 그 목소리들이 가시가 되어 톰을 찔렀다.

"잘 봤니, 톰? 진정한 내 군사가 되지 못하게 하는 걸림돌이 뭐가 있는지 말이야. 너에게 있는 걸림돌은 세 가지란다! 첫째, 네 스스로 영웅이 되고자 한다면 넌 네 자신의 힘을 의지할 거야. 그렇게 되면 내 왕국에서는 아무런 도움을 줄 수 없단다. 둘째, 네가 스스로를 애송이라고 욕한다면 넌 거짓말을 하는 거야. 왜냐하면 넌 왕의 아들이고 결국 승리할 거니까. 셋째, 마음속에 복수심을 품고 있는 한 넌 우리와 어울릴 수 없단다. 나를 위해서 넌 그렇게 다투면 안 돼. 왜냐하면 그런 마음은 모두 원수가 너에게 접근해서 너와 나 사이의 계획을 망치게 하는 통로가 되거든. 넌 날 위해 싸우고 싶어 했잖니? 그렇다면 이런 가시들의 구속에서 벗어나야 해. 어떻게 하겠니?" 왕자는 물었다.

"벗어나고 싶어요. 지금 당장요!" 톰은 간절했다.

"좋아. 그럼 이제 복수하겠다던 맹세를 내려놓고 도둑들이 너에게 행했던 모든 일들을 용서하렴!"

"용서하라고요? 모든 것을? 그 비웃음, 구타, 학대를요? 말도 안 돼요! 이건 너무 무리한 요구예요!"

하지만… 주님께서 원하신다면, 주님을 위해서라면…. 그렇게 하고 싶었다. 그러나 그들을 용서하는 것은 생각만큼 쉽지 않았다. 입이 떨어지지 않을 뿐만 아니라 마음속의 모든 기억들이 일제히 이렇게 외치는 것 같았기 때문이다. '그럼 넌 도대체 뭐지? 아무것도 아니잖아!' 톰은 절망적인 눈으로 왕자를 바라보았다. 왕자는 톰의 마음속에 격한 싸움이 일어나고 있음을 아는 것 같았다.

"넌 할 수 없을지 몰라! 하지만 내 이름의 능력을 생각해 보렴!" 톰은 마치 구조대의 밧줄을 붙잡듯, 왕자의 조언을 붙들고 말하기 시작했다. "주님의…, 이름으로…."

톰은 모든 것을 다 꺼내놓았다. 자신의 아픔, 무너진 자존심, 복수심, 그리고 명예욕까지…. 모든 것을 꺼내놓자, 왕자가 톰의 가슴에 손을 갖다 댔다. 그의 손길이 모든 가시들을 다 뽑아 내는 것 같았다. 이제 톰의 마음속에는 평화만 가득했다. 톰은 태어나서 처음 경험하는 기쁨에 완전히 사로잡혔다. 침대에서 벌떡 일어났다. 조금 전까지 피곤하고 지쳐 있었다는 것도 까맣게 잊었다. 마치 고장 난 몸이 새롭게 만들어진 듯한 느낌이었다.

침대에서 내려온 톰과 그런 톰을 흐뭇하게 바라보는 왕자…, 둘은 같은 생각을 하고 있었다. "아버지께 가자. 그분이 보셔야 해. 기다리고 계실걸." 왕자와 동생 톰은 손을 잡고 웃음을 지으며 왕에게로 향했다.

9장

준비

  그들이 성전에 다다르자 커다란 날개 문이 저절로 열렸다. 안으로 들어선 톰은 기겁했다. 방 안에는 형언할 수 없는 빛을 발하는 생물들이 가득했다. 톰은 도무지 그 안에 들어갈 용기가 나지 않았다. "두려워 마! 넌 지금 내 옆에 있으니까!" 왕자와 톰이 방 안으로 들어서자 그 생물들이 왕자 앞에 엎드려 경배했다. 톰은 왕자의 옷자락 뒤로 숨었다.

  자리에서 일어난 왕이 저만치에서 그들을 향해 걸어오고 있었다. 기뻐 소리치며 왕자를 안은 왕은 이어 톰도 함께 안으려 했다. 어리고 초라하고 쓸모없던 도둑 아이를, 그토록 많은 일을 엉망으로 만들어 놓은 아이를 말이다. '바닥 밑에 들어가 숨을 수만 있다면!' 하고 생각했지만 톰은 사실 아버지의 품에 안기고 싶었다. 하지만 톰은 그저 고개를 숙이고 꼭 쥔 두 주먹을

넣은 채 막대기처럼 뻣뻣하게 서 있었다. "왜 그러니, 톰? 왜 내 사랑을 받지 않는 거니?" 얼굴이 홍당무가 된 톰은 더듬거리며 말했다. "저, 저…는 이곳에서 도망쳤었어요. 이제 왕관도 갖고 있지 않아요! 저는 더 이상 아버지의 아들이 아니에요!"

왕이 말했다. "톰, 넌 여전히 내 아들이고 영원히 그럴 거야! 내 아들이 너의 죄를 용서했기 때문이지. 너와 나 사이의 모든 것이 다 회복되었다. 네가 해야 할 한 가지는 너 자신을 용서하는 거야." '나를 스스로 용서하라고? 그런 말은 처음 들어 보는걸.' 그 말에 톰은 한참 동안 혼란스러웠다. '어떻게 하면 되지? 어떻게 해야 할까?' 자신이 했던 일을 떠올리자 쓰라린 눈물이 앞을 가렸다.

왕자는 톰의 어깨를 감싸안고 이렇게 말했다. "아직까지도 너의 죄를 붙들고 있구나. 네 자신에 대한 비난까지도 다 내게 주렴. 다 털어 버려. 앞으로도 너는 또다시 잘못을 저지를지도 몰라. 하지만 그럼에도 우리는 너를 사랑한단다!" 톰은 눈을 들어 자신을 너그럽게 바라보는 얼굴을 보았다. 스스로를 용서한다는 일이 여전히 쉽지 않았다. 마침내 톰은 겨우 말했다. "네, 제 자신을 용서할게요."

갑자기 톰의 마음속에서 외치던 모든 소리들이 잠잠해졌다. 대신 왕자가 옷자락에서 금빛 물건을 꺼내어 톰의 머리 위에 얹자 성전에 있던 모든 이들이 환호성을 질렀다. 예전에 그 못된 상인이 가져갔던 바로 그 왕관이었다. 톰은 다시 왕의 아이가 되었다. 모두가 지켜보는 앞에서 말이다! 역시 왕은 원수보다 더 강했다.

톰은 기쁨을 주체하지 못해 폴짝폴짝 뛰며 박수쳤다. 그러자 빛을 발하는 생물들도 고개를 끄덕이고 함께 기뻐하며 춤을 추었다.

왕과 왕자가 톰을 향해 팔을 뻗자 그는 이전에도 경험했던 강력한 힘에 이끌려 그들에게로 향했다. 그 힘은 마치 소용돌이, 물결, 불길과도 같았다. 아름답기도 했지만 감당할 수 없을 정도로 너무나 강력했다. 톰은 그렇게 왕의 무릎 위에 앉았다. 아버지는 미소를 지었다. 톰은 무언가 말하고 싶었지만 아무것도 말할 수가 없었다.

대신 아버지가 말하기 시작했다. "네 마음속에 있는 수많은 의문들이 보이는구나. 몇 가지는 오늘 너에게 대답해 주마. 가장 중요한 것은 넌 항상 나의 자녀라는 사실이야. 네가 그 왕관을 잃어버렸을 때도 그랬지. 그것은 네 이마에 결코 지워질 수 없도록 쓰여 있단다. 네가 원하는 한 넌 나의 자녀, 곧 왕의 자녀야. 너에게 행운을 가져다 준다던 그 물건이 너와 나 사이를 잠시 막았지. 그래서 원수가 너에게 영향을 미칠 수 있었던 거야. 어쨌든 네 왕관은 여기 우리가 있는 곳에서만 보인단다. 그 왕관은 네 안에서 불타고 빛을 발하는 나의 일부를 나타내지. 그것이 너를 점점 환하게 해 줄 거야. 네가 완전히 나처럼 될 때까지 말이야."

'왕처럼 된다고? 왕처럼? 그럼 도둑의 흔적이 모두 없어진다는 말인가?' 톰은 자신의 가시들에 대해 생각해 보았다. 복수심 그리고 영웅이 되려는 그 욕심을…. "제 마음속에 있는 가시들 때문에 더 이상 자랄 수 없지 않을까요?" "톰, 넌 지금 그 가시들로부터 자유로워. 아무도 너를 더 이상 억누를 수 없어. 네 마음속에 계속 예전처럼 살고 싶다는 생각이 들지도 몰라. 그럴 때마다 기억하렴. 네 안에 있는 나의 힘이 더 강하다는 것을. 그것으로 넌 원수의 유혹을 이겨 낼 수 있을 거야."

톰의 눈이 빛을 발하기 시작했다. 아버지는 말을 이었다. "원수를 이긴다는 말에 넌 대규모의 전투를 생각했었지. 물론 그것도 포함한단다. 하지만 우선은 훈련이 필요해. 너에게 열정이

있고, 남을 도우려는 마음이 있어서 기쁘구나. 네가 저 바깥에서 부르짖는 사람들을 도우려고 했다는 거 나도 잘 안단다. 날 믿으렴. 난 이 세상에서 단 한 사람의 부르짖음도 결코 흘려듣지 않는단다! 언제, 어떤 방식으로 각 사람이 도움을 받아야 하는지 다 알고 있어. 그러니 다시는 절대로 나나 내 아들의 명령 없이 혼자서 떠나지 말거라. 그것은 너에게도, 도움이 필요한 사람들에게도 오히려 해가 된단다. 톰, 이것을 꼭 명심해야 해. 앞으로 네가 무언가를 맡아서 하려 하기 전에 항상 먼저 내게 와서 물어보지 않겠니?"

톰이 어떻게 대답했을까? 그는 자신을 너무도 잘 알고 있었다. 그렇지만 왕의 말씀대로 하는 게 현명한 방법이라고 생각했다. 왕은 자신보다 훨씬 지혜롭고 능력 있는 분이기 때문이다. '주님이 뒤에 계신다면, 내가 하는 싸움은 결코 헛되지 않을 거야!' 이제 톰은 그분 없이는 더 이상 아무것도 하고 싶지 않았다. "넌 해낼 거다, 톰. 넌 내 아이니까. 이전의 낡은 습관들을 이겨 낼 수 있을 거야. 아침이 밝아왔다. 아침 먹을 시간이구나! 맛있게 먹으렴!"

톰은 정말 배가 고팠다. 그런데 정말 신기했다. 밤새 한숨도 못 잤는데 하나도 피곤하지 않았다. 톰은 아침식사를 하기 위해 서둘러 방을 나갔다.

멀리서부터 갓 구워낸 듯한 구수한 빵 냄새가 코를 자극했다.

아이들은 벌써 자리에 앉아 있었다. 톰이 들어오는 것을 보자, 모두 일어나 톰 주위에 둘러서서 반갑게 맞았다. 톰은 놀랍게도 이전과는 다른 눈으로 친구들을 보게 되었다. 사실 이전까지는 이들에 대해 별 관심이 없었다. 하지만 이제는 친해지고 싶었다. 친구들이 얼마나 훌륭한지, 그리고 얼마나 더 성숙했는지 알 수 있을 것 같았다.

그때 제니가 눈에 들어왔다. 제니도 밝게 웃으며 톰을 바라보고 있었다. 제니가 다른 아이들에게 모든 것을 이야기했을까? 그런 것 같지는 않았다. 아이들이 톰에게서 광채가 난다며 그동안 무슨 일이 있었냐고 이것저것 묻기 시작했으니까. 톰은 스스로에게도 놀랐다. 왜냐하면 자신의 부끄러운 모험을 아이들에게 이야기해 주겠다고 약속했기 때문이다. 어떤 것도 부끄럽지 않았다.

식사 후, 톰은 모든 아이들에게 그간 있었던 일들에 대해 솔직하게 털어놓았지만 아무도 톰을 비웃지 않았다. 대신 자신들도 이미 비슷한 일들을 체험했다고 말했다. 그리고 그 과정을 통해 많이 배웠으며, 그 후에 주를 더욱 사랑하게 되었다고 고백했다.

이제 전쟁 준비를 위해 모일 시간이 왔다. 톰은 왕을 만나는 것이, 그리고 친구들과 함께 왕을 찬양하는 것이 너무도 기대되었다. 모두 함께할 수 있다는 것이 얼마나 행복한지! 톰은 이제 정말 인내심을 갖고 왕이 임무를 맡길 때까지 기다리고 싶었다.

그런데 왕자가 이렇게 말했다. "그동안 성 안에서 몇 가지를 배웠으니 나가서 배운 것을 직접 적용해 보아라." 그는 아이들을 두 명씩 짝 지워서 보낼 것이며, 각각에게 하나씩 과제를 줄 것이라고 말했다. 어떤 아이들은 드디어 무언가를 보여 줄 수 있는 때가 왔다며 즐거워했고, 또 다른 아이들은 아직은 자신이 없다며 걱정스러워하기도 했다.

하지만 왕자가 각각에게 파트너를 정해 주고, 어디로 가야 하는지에 대해 설명할 때 모두가 더욱 조용히 그에게 집중했다. 왕자는 그들이 무슨 일을 해야 할지에 대해 계속 이야기했다. 아이들은 바깥세상에 나가서 사람들에게 왕과 왕국에 대해 전하고, 그분의 능력을 보여 주어야 했다. 그리고 새로운 친구들을 이 성에 데리고 와야 했다.

마지막으로 왕자는 아이들 한 명 한 명의 머리 위에 손을 얹고는 무언가를 주었다. 마치 조개처럼 생긴 그 물건은 손에 쥐고 다니기 좋을 정도로 작았다. "너희들이 어디에 있든지 이것이 너희를 도울 거야. 나의 조언이나 도움이 필요할 때마다 이것을 통하면 내게 직접 연락할 수 있단다. 무슨 일이 일어났는지 길게 설명하지 않아도 돼. 어린아이처럼 여기에 대고 그냥 편하게 말하면 돼. 그러면 나는 너희가 표현하지 못한 자세한 상황까지도 알고 있을 테니까."

아이들은 이해하지 못하겠다는 눈으로 그를 쳐다보았다. '어린아이처럼? 어린아이는 제대로 말할 수도 없을 텐데….' 왕자가 웃으며 말했다. "이미 배웠잖니. 스스로 강해지려 하지 말고, 작고 연약한 채로 있으라고. 우리의 힘이 너희를 통해 발휘될 수 있도록 말이야. 자, 지금 여기서 한번 해 봐. 그냥 종알거려 봐!"

   모두들 웃었다. 톰은 빨리 해 보고 싶었다. 왠지 그것이 좋은 일을 가져다 줄 것 같았다. '이것이 과연 어떤 효과가 있을까?'

10장
거절

한 조가 된 톰과 제니는 성을 나왔다. 길은 몹시 덥고 건조했다. 얼마를 갔을까? 그늘에서 잠시 쉬려고 앉았는데 어디선가 신음 소리가 들려 왔다. 가까이 가 보니 한 노인이 암벽 앞에 누워 있었다. 다리는 바위 밑에 끼여 움직일 수 없는 상태였다. '도대체 얼마 동안이나 여기서 힘들게 누워 있었던 걸까?' 제니는 바로 노인에게 달려갔지만 톰은 재빨리 주머니에서 조개 모양의 기계를 꺼내서 이 노인을 도와야 하는지 물었다. 정말 왕자의 목소리가 들렸다. "그래, 톰. 도와도 좋아. 바로 그런 일을 위해 너희들을 거기에 보낸 거니까!"

제니는 상처가 굳어 버린 노인의 얼굴과 수염 위에 앉아 있는 파리들을 쫓아 날리면서 말했다. "톰, 어서 가서 물을 떠 와! 이 가엾은 사람은 며칠째 아무것도 마시지 못했나 봐!" 톰이 땅에

흠뻑 젖은 채 헐떡거리며 물을 가져올 때까지 제니는 커다란 잎사귀 몇 개로 그에게 부채질해 주고 있었다. 제니가 몸을 일으켜 물을 한 모금 먹이자 노인은 조금 받아 마시는가 싶더니 이내 다시 의식을 잃었다. 남은 물로 얼룩진 얼굴을 씻기자 그의 얼굴이 보다 선명하게 드러났다.

'이럴 수가!' 제니는 그 노인의 얼굴을 알아볼 수 있었다. 처음 보았을 때부터 혹시나 했었는데 이제 분명해졌다. 이 초라한 몰골을 한 노인은 바로 그녀의 도둑 아버지였다! 제니에게 저주를 퍼부었다던 그 도둑 아버지…. 톰도 어찌할 바를 몰랐다. 다시 그 기계를 들고 궁금한 대로 솔직하게 물었다. 그저 어린아이처럼…. 즉시 응답이 왔다. "용서해라. 그리고 내 이름을 그에게 말하렴!"

하지만 톰은 그보다 우선 이 바위를 들어내야 한다고 생각했다. 그러나 그가 아무리 안간힘을 써도 바위는 꿈쩍하지 않았다. 그때 옆에서 제니가 뭐라고 중얼거렸다. 톰은 제니가 뭐라고 말하는지 들으려다 노인 위로 넘어질 뻔했다. 바위가 갑자기 옆으로 스르르 굴렀기 때문이다.

"방금 뭐라고 말한 거야?" 톰이 물었다. "내게 한 일을 모두 용서한다고 말했어. 그러니까 바위가 움직인 거야!" 제니가 웃었다. 하지만 노인, 아니 아버지의 으스러진 다리를 보자 표정이 다시 굳었다. 더 이상 그를 위해 해 줄 수 있는 일이 없을 것 같았다.

하지만 왕자가 뭐라고 말했지? 그렇다! 이제 주님의 이름을 외쳐야 한다! 그들은 제니 아버지의 양 옆에 무릎 꿇고 앉아서 손을 그의 다리 위에 올리고는 주님의 이름을 외쳤다. 배웠던 대로 말이다. 처음에는 아무 변화도 없었다. 하지만 그들은 믿었다. 그렇게 배웠고, 이미 경험했으니까. 둘은 다시 한 번 시도했다. 여전히 아무런 변화가 없었다. "주님! 저희를 도와주실 수 있잖아요! 그 능력을 보여 주세요!" 제니는 필사적으로 외쳤다. 그리고 다시 한 번 소중한 그 이름을 외쳤다.

바로 그때, 그들의 손 밑에서 무언가가 움직이는 것이 느껴졌다. 그들은 너무나 기뻐서 더 큰 목소리로 주님의 이름과 능력을 찬양했다. 천천히, 아주 천천히 으스러진 뼈들이 서로 붙더니 근육이 덮이고 피부가 돋아났다. 놀랍고도 감사한 마음으로 그들은 이 충격적인 광경을 지켜보았다.

잠시 후 제니의 아버지가 깨어났다. 노인은 톰과 제니가 그 무거운 바위를 들어냈다는 사실을 믿지 못했다. 그리고 다리가 완전히 나았다는 사실도…. 그저 바지 위의 커다란 핏자국만이 조금 전까지의 처참했던 상황을 보여 줄 뿐이었다. 톰과 제니는 그와 함께 풀밭에 앉아서 모든 것을 이야기했다. 제니가 그의 딸이라는 것까지도…. 그는 깜짝 놀라서 제니를 바라보았다. 제니의 변한 모습에 자신의 눈을 의심했다. 제니는 이제 더 이상 그가 함부로 대하던 등이 굽은 초라한 아이가 아니었다. 아주 아름다운 소녀로 변해 있었다. 그는 고개를 흔들며 혼자서 뭐라고 중얼거렸다. 하지만 제니가 자신을 부축하는 게 싫지 않았다. 톰과 제니는 왕과 왕자가 자신들을 어떻게 구해냈는지, 그 성이 어떤 곳인지 설명했다. 제니 아버지는 그저 놀라워하면서도 그 세계를 이해하지는 못하는 것 같았다.

톰과 제니는 성으로 가자고 제안했다. 하지만 그는 고개를 저었다. "여기 바깥에 머물러 있는 게 더 좋아. 내 나이에 새로운 환경에 다시 적응한다는 건 쉽지 않을 거야." 그는 다시 걸을 수 있게 된 것만으로도 충분히 기쁘다고 했다. 늙은 자신에게는 이 정도 행운이면 족하다면서…. 전혀 예상치 못했던 일이었다. 톰과 제니는 그가 성으로의 초대를 거절하는 것을 도저히 이해할 수 없었다. 결국 더 이상 설득하지 못한 채, 그가 신을 질질 끌

며 돌아가는 뒷모습만 지켜보았다.

　두 사람은 고개를 푹 숙인 채 아무 말 없이 성으로 돌아갔다. 마음이 아팠다. 성에 도착해서도 한 마디도 안 하고 자리에 앉은 채 왕과 왕자와 다른 친구들을 기다렸다.

　모인 아이들은 자신들의 체험을 나누었다. 그리고 바깥에서 데려온 친구들도 소개해 주었다. 모두 서로의 이야기를 들어주면서 감탄했다. 왕자는 아이들과 함께 기뻐했다. 그러다가 울고 있는 제니와 톰을 발견했다.

　왕자는 그들에게 다가가 앉아서 그들을 안고는 위로했다. "난 너희들의 마음을 이해할 수 있어. 사람들이 다른 길을 택할 때 나도 아프거든. 하지만 포기하면 안 돼! 나에겐 그들을 위한 계획이 있단다. 내 계획을 실행에 옮길 수 있도록 너희들이 도와주렴!"

다시 희망과 용기를 얻은 두 사람은 새로운 마음으로 왕자를 바라보았다. "모두들 잘 들어 봐!" 왕자가 외쳤다. "나에게는 제니의 아버지뿐만이 아니라 도둑 가족 전체에 대한 거대한 계획이 있단다. 그렇지만 그것을 실현하려면 철저히 준비되어야 해. 누가 도와주겠니?" 모두들 흥분해서 자신이 하겠다고 했다. "그 일은 많이 힘들 수도 있어. 그래도 할 수 있겠니?" 왕자가 진지한 얼굴로 물었다. 아이들 역시 진지한 얼굴로 고개를 끄덕였다.

11장

또 다른 훈련

'이런 친구들이 있다니!' 힘든 일이 될 수 있다는데도 기꺼이 함께하고자 하는 친구들에게 톰은 감동을 받았다. 친구가 있다는 건 참 행복한 일이었다. 마음이 훈훈해졌다. 하지만 이런 생각도 들었다. '과연 이 친구들이 정말 나를 위해 그런 위험 속에 뛰어들 수 있을까? 어쩌면 도둑들이 얼마나 잔인한지 몰라서 이러는 것인지도 몰라. 왕자에게 정말 모든 계획이 있는 것일까?' 도둑들의 모습이 떠오르자 무섭고 불안해졌다. 하지만 왕자가 가진 더 큰 능력을 생각했다. '그렇지만 그가 직접 함께하지 않는다면?' 만약 그렇다면 자신과 친구들은 도둑 무리 옆에서 아주 비참한 삶을 살아가게 될 것이다. 생각만 해도 끔찍했다. 눈을 든 톰에게 왕자가 말했다. "그래. 지금은 중요한 때야! 너희는 몇 가지를 더 배워야 해."

이제 드디어 전쟁이 시작될 것이다! 톰은 결연한 각오로 팔에 근육이 더 붙었는지 만져 보았다. 그리고 전쟁을 위한 훈련을 다시 머릿속에 그렸다. 그날 저녁 톰은 이런저런 생각들로 몹시 흥분되어 잠을 이룰 수가 없었다.

다음 날 아침이 되자 왕자는 톰의 기대와는 전혀 다른 말을 했다. "얘들아, 우리에게는 이제 좀 더 넓은 공간이 필요하단다. 그래서 너희가 건축을 도와야 해. 지금부터 너희를 작은 조로 나눌 거야. 어떤 조는 기초 벽을 만들기 위해 땅을 파고, 어떤 조는 돌들을 가져와야 해. 또 다른 조는 회반죽을 개고, 담을 쌓고, 그 밖에도 여러 가지 일들을 해야 하지. 첫 번째 조는 벤이 인도할 거야. 두 번째 조는 로버트가 이끌 거고, 세 번째 조는…."

'나도 당연히 조를 맡겠지. 그럴 능력이 있으니까….' 그런데 왕자는 리더가 아닌 로버트 조의 조원으로 톰의 이름을 부르는 것이었다. 로버트는 몸이 허약한 아이였다. 조용하고 부끄러움도 잘 탔다. 톰은 지금까지 로버트가 큰 소리로 말하는 것을 들은 적이 없었다. '저런 아이가 리더라고? 뭔가 잘못된 게 틀림없어!' 톰은 왕자에게 따지고 싶었다. 하지만 왕자는 나머지 아이들에게 계속해서 조를 지정해 주고 있었다. 잠시 후 "얘들아, 가장 중요한 것은 너희들이 조 안에서 서로 하나가 되는 거란다. 그러지 않으면 일이 잘 이루어지지 않을 거야! 그럼, 즐거운 시간 보내렴!" 이렇게 말하고는 가 버렸다.

'즐거운 시간 보내라고? 진심이 아닐 거야. 이런 조에서? 이런 일을 하면서?' 채석장 안은 너무 더웠다. 그리고 엄청나게 많은 돌덩이들이 있었다. 그것들을 건축용으로 쓸 수 있도록 작은 돌로 쪼개야 했다. 톰은 제일 큰 망치를 집어 들었다. 능력을 보여 주고 싶었던 것이다. '이런 형편없는 일을 맡게 되다니!' 신경질적으로 돌 조각을 힘껏 내리쳤다. "아얏!" 돌 조각이 깨지면서 파편이 톰의 이마 쪽으로 튀었다. 너무 아파서 정신을 잃을 것 같았다. 이마에서는 피가 솟구쳤다.

하필 이때 로버트가 가까이 왔다. '젠장!' 톰은 눈을 감아 버렸다. 로버트는 말이 없었다. 그저 톰의 이마에 커다란 반창고를 붙여 주었을 뿐이다. 그러자 신기하게도 통증이 잦아들었다.

로버트는 톰에게 망치로 조심스럽게 여러 번 두드려서 돌 조각을 적당한 크기로 나누는 법을 차분하게 가르쳐 주었다. '어떻게 저렇게 잘할까?' 로버트가 할 때는 쉬워 보였다. 그러나 톰이 하자 잘 되지 않았다. 망치질을 할수록 톰은 점점 화가 났다. 너무 약하게 내리치면 돌에 구멍만 생기고, 또 너무 세게 치면 엉뚱한 곳에서 조각이 나 버리기 때문이었다. 게다가 시끄러운 소음 때문에 귀가 계속 울렸다. 거친 돌 때문에 벌써 손은 완전히 부풀어 올라 있었다.

'대체 왜 여기서 이렇게 힘들게 일해야 하지? 단지 로버트가 시켰기 때문이잖아. 꼭 그의 말을 들어야 하나? 아냐! 그럴 필요는 없어!' 톰은 연장을 팽개치고 손을 바지 주머니에 쑤셔넣고는 가까운 바위 쪽으로 슬슬 걸어갔다. 여기서 벗어나 다른 데서 좀 더 그럴 듯한 일을 찾아보고 싶었다. '나에게 더 잘 맞는 일이 분명히 있을 거야.'

"아이쿠!" 하마터면 지금 막 모서리를 돌아오는 누군가와 부딪칠 뻔했다. 왕자였다. "무슨 일 있니, 톰? 너희에게 한번 가 보려던 참이었는데!" 그는 톰의 팔을 잡고는 가까이에 있는 통나무 쪽으로 가서 앉았다. 톰은 막 달아나려던 차에 붙잡힌 것이 몹시 부끄러웠다. 하지만 왕자는 톰을 전혀 비난하지 않고, 오히려 이해한다는 듯 바라보고 있었다. 덕분에 톰은 자기 마음을 다 털어놓을 수 있었다. 리더가 되지 못한 것에 대한 실망,

로버트의 리더로서의 자질에 대한 의심, 맡겨진 일에 대한 짜증 등…. 톰은 끝으로 덧붙였다. "대체 이런 일들이 왜 필요하죠? 도둑들을 몰아내는 것이 우리의 목표가 아니었나요?"

"바로 그래서 이 일이 필요하단다, 톰." 왕자는 전혀 화난 것 같지 않았다. 오히려 환하게 미소 짓고 있었다. "네가 전에 날 믿는다고 말했던 거 기억하니?" 톰은 고개를 끄덕였다. 아직도 여전히 그의 말을 굳게 믿고 있었다. "그러면 내가 너에게 어떤 일을 시킬 때에도 실수하지 않는다는 것을 믿으렴." 톰은 또 한 번 마음이 아팠다. 자기가 왕자보다 합리적이라고 판단했다는 것을 순간 깨달았기 때문이다. 그는 톰의 모든 생각을 다 알고 있는 것 같았다. "너에게 요구한 모든 일은 그것이 너를 위한 가장 좋은 방법이기 때문이야. 나는 모든 아이들을 위한 최고의 계획을 갖고 있단다." "제가 잘못했어요. 용서해 주세요." 왕자가 고개를 끄덕이자 톰은 진심을 담아 말했다. "주님을 위해 어떤 일이라도 하겠어요!"

전에도 이런 말을 한 적이 있지 않았던가? 그런데 왜 또다시 잊어버렸을까? 하지만 왕자는 기뻐하며 말했다. "고맙구나, 톰. 내가 원하는 군사는 늘 나를 신뢰하고, 날 위해 무엇이든 할 수 있으며, 또 내가 리더로 세운 사람들에게 순종할 수 있는 사람이란다. 그걸 네가 입증하게 될 거야. 이것도 훈련이 필요한 일이란다. 나중에 깨닫게 될 거야. 그럼 이제 다시 네가 일해야 할 곳으로 돌아가렴!"

 왕자는 톰의 손을 잡고 그가 속한 조로 다시 데려가려 했다. 하지만 오히려 톰이 그분을 이끌고 있었다. 톰은 그만큼 자기가 그분을 위해 계속 일하려 한다는 것을 꼭 보여 주고 싶었던 것이다. 다시 자리로 돌아가 일을 시작했다. 맡은 일을 잘 해내서 보기 좋은 돌들을 만들고 싶었다. 아무리 고되고 손에 굳은 살이 많이 생기는 일이라도 말이다. 어느 순간이 되자 그 일이 더 이상 어렵지 않았다. 로버트가 지나갈 때 톰은 그를 인정한다는 뜻으로 고개를 끄덕였다. 그리고 힘을 내서 더욱 열심히 일했다.

그런데 톰이 이해할 수 없는 것이 또 있었다. 친구들은 일하는 틈틈이 시간이 날 때마다 그늘에 앉아서 몇 분씩 쉬며 노래를 불렀다. '이렇게 일이 많은 곳에서 노래를 부르는 것이 가능할까?' 친구들이 찬양을 통해 매번 새롭게 기운을 차리고, 기쁘게 자기 일자리로 돌아가는 것을 톰은 전혀 모르고 있었다. 일하는 내내 흥얼거리는 아이들의 콧노래 소리 역시 톰은 시끄러운 망치 소리 전혀 때문에 듣지 못하고 있었다. 무엇보다 톰은 그들을 주시하고 있을 시간이 없었다.

저녁식사 시간이 되었다. 톰은 완전히 지쳐 쓰러질 지경이었다. 로버트가 부축해 주지 않았다면 성까지 돌아가지도 못했을 것이다. 톰은 그대로 침대 위에 쓰러졌다. 너무 피곤해서 식사도 못할 것 같았다. 갑자기 누군가가 자신의 머리를 쓰다듬는 것을 느꼈다. 제니였다. 제니가 다른 조로 편성되었기 때문에 그 둘은 하루 종일 서로 보지 못했다. 제니는 꽃을 심고 잡초 뽑는 일을 했다.

톰이 물었다. "힘들지 않았니?" "일이 익숙하지 않아 너무 힘들었어. 특히 등을 계속 구부리고 있어야 해서 더 힘들더라. 하지만 식사를 하고 나니 피로가 좀 풀리는 것 같아. 톰, 이제 아버지께 가 봐." "지금? 이렇게 지친 데다 먼지까지 뒤집어쓰고 땀에 흠뻑 젖은 상태로?" 제니가 부추겼다. "널 기다리셔!" 톰은 벌떡 일어났다. 아버지를 기다리게 해선 안 된다고 생각했기

때문이다. 왕에게 가는 도중에 톰은 잠시 생각했다. '그분이 내 이마에 붙은 반창고를 금방 알아보실까?'

왕의 방에서는 톰을 깜짝 놀라게 할 일이 기다리고 있었다. 잘 차려진 식탁 앞에 앉은 왕은 맞은편에 톰을 앉게 했다. 앉아 있기가 힘들면 부드러운 방석 위에 몸을 뻗어 누워도 좋다고 말했다. "먹고 싶은 것이 있으면 마음껏 먹으렴." '이런 기회가!' 톰은 즙이 많은 달콤한 과일 쪽으로 얼른 손을 뻗었다. 몹시 갈증이 났기 때문이다.

그 순간 톰은 자기 손이 얼마나 더러운지 깨달았다. '앗!' 톰은 손을 얼른 다시 내리고 식탁보 밑에 숨겼다. 하지만 왕은 이 모든 것을 보고 있었다. 활짝 웃으며 식탁 주변을 돌아 톰 옆에 앉았다. 그러고는 톰의 팔을 잡으며 말했다. "톰, 지저분한 채로 내게 와도 괜찮아. 난 너의 그런 모습까지도 사랑하니까! 하지만 네가 더 맛있게 먹을 수 있도록 네 손을 씻어 줘도 될까? 넌 그냥 가만히 있으면 돼. 내가 알아서 할 테니!" 톰은 사양했다. 세상에서 가장 높은 왕이 자기에게 시중드는 것을 보고만 있을 수는 없었다.

하지만 아버지는 곧 물이 담긴 대야와 새하얀 수건을 가져왔다. "자, 날 위해서 이렇게 하렴! 난 지금 몹시 기쁘단다. 손을 여기에 담그렴. 기분이 좋아질 거야!" '나를 위해'라는 말을 듣자 톰은 거절할 수가 없었다. 톰은 그분의 말을 따라 손을 씻었다. 말로 표현할 수 없을 정도로 기분이 좋았다.

　물은 금세 완전히 탁해졌다. 정말 씻길 잘했다는 생각이 들었다. 왕은 수건으로 톰의 손을 닦아 주었다. 이제 톰은 모든 음식을 마음껏 집어먹을 수 있었다. 그사이에 왕은 대야를 치우고 톰 옆에 꿇어앉아서 신발 끈을 풀어 주었다. "자, 편안히 있으렴. 신발을 벗어도 좋아." 그분은 아들의 먼지투성이 신발을 벗기는 일도 마다하지 않았다.

　톰은 가슴이 뭉클했다. '왕께서 이런 일을 하시다니! 도대체 나를 얼마나 사랑하시면 이렇게까지 하실까?' 그 감동은 어떤 음식보다 더 달콤했다. 깨끗해진 손보다, 편안해진 발보다 톰을 더 기분 좋게 만들었다. 둘은 한동안 말이 없었다. 아버지는 음식을 먹고 있는 톰을 지긋이 바라보았다. 정말 아름답고 따뜻한 저녁이었다.

음식을 다 먹고 나서 톰은 그날 있었던 일에 대해 이야기했다. 처음 일을 맡았을 때의 불만과 로버트에 대한 질투, 다른 아이들과 자기 자신을 바라보며 느꼈던 것들에 대해 숨김없이 다 털어놓았다. 그리고 이렇게 녹초가 되도록 하루 종일 잠시도 쉬지 않고 열심히 일했다고 말했다.

그때 왕이 톰의 말을 끊었다. 그러고는 한쪽 구석에 있는 창문을 가리켰다. 그 창문으로 톰은 오늘 자기가 일했던 곳에서 일어난 일들을 한눈에 볼 수 있었다. 그런데 이상한 것은 색깔들이 끊임없이 바뀌는 것이었다. 톰이 맨 처음 바위 조각을 망치로 내리쳤을 때 그의 색깔은 완전히 어두웠다. 그러다 이마를 만져 주는 로버트의 손으로 인해 약간 밝아졌다. 왕자를 만나고 난 후에는 완전히 붉게 빛났다.

다른 아이들도 이전까지는 노란 색에 가까웠다가 왕자가 찾아오자 붉게 변했고, 일도 더 빨리 해내는 것이었다. 시간이 지날수록 그 붉은 빛은 차츰 흐려졌다. 아이들은 쉬는 시간마다 그늘로 가서 노래를 불렀는데 거기에는 샘물이 있었다. 조금 전에는 보지 못한 것이었다. 신기하게도 모두 그 샘물을 마시더니 다시 붉게 변했다. 시간이 갈수록 톰만 점점 더 창백해지더니 나중에는 회색으로 변해 버렸다. "내 아들아, 봤니? 넌 네 힘으로 일을 했구나. 거기에다 나의 힘을 실어 보렴!" 톰은 깨달았다. '나도 내일 그 샘물을 마셔야지.'

아침 일찍 톰은 늘 하던 대로 왕에게 갔다. 왕은 톰을 안아 주었다. 새로운 힘이 톰의 몸을 타고 흘렀다. 일에 대한 기쁨과 그 외의 모든 것에 대한 기쁨이 넘쳐났다. 톰은 휴식시간마다 다른 아이들과 함께 왕을 찬양했다. 그러자 다시 한 번 그 힘과 기쁨이 온몸에 흐르면서 생수를 마신 듯 상쾌했다. 그날 저녁 톰은 하루 종일 일했는데도 전혀 피곤하지 않았다. 다른 아이들과 함께 저녁식사를 즐기고는 제니와 한참 동안 수다까지 떨었는데도 말이다.

톰은 제니에게 전날 저녁 아버지와 무슨 일이 있었는지 이야기했다. "상상해 봐. 왕께서 친히 나의 그 더러운 신을 벗겨 주셨어!" 그 말을 듣고 제니는 큰 충격을 받은 것 같았다. 잠시 뭔가를 골똘히 생각하더니 말을 이었다. "톰, 좋은 생각이 났어! 왕께서 더러운 신을 만지셨다면 우리도 할 수 있어. 오늘 저녁에 친

구들 몰래 신을 닦아 주자. 깜짝 놀라게 해 주는 거야. 마침 내일이 일요일이니까 아무도 신을 닦을 생각을 하지 않을 거야."

"내일 아침 일찍부터 아이들이 좋아하겠는걸! 좋아, 같이 하자!"

그날 저녁 톰은 친구들의 신발을 모으기 위해 방문 앞을 살금살금 지나갔다. 지금까지 한 번도 신발을 닦아 본 적이 없었지만, 다른 아이들을 위해 처음 해 보는 그 일이 너무 재미있었다. 톰은 신발에 묻은 먼지를 털어 내고 광이 날 때까지 열심히 닦았다.

다음 날 아침, 아이들은 방문 앞에 놓여진 놀라운 일을 보고는 좋아서 껑충껑충 뛰었다. 왕자가 제일 먼저 말문을 열었다. "오늘은 아주 특별한 날이야. 너희 가운데 누군가가 이 일을 해 주었단다. 그들은 이제 나를 더 많이 닮게 되었지." 제니와 톰은 아무도 모르게 서로에게 윙크를 보냈다.

왕자는 말을 계속 이었다. 그는 그간 아이들의 수고를 칭찬해 주었다. 그리고 오늘은 쉬거나 놀거나 잠을 자도 된다고 말했다. 그리고 톰의 도둑 부족에 관한 일을 좀 더 하고 싶은 사람은 여기 남아 있어도 좋다고 했다. 거의 모두가 그대로 남아 흥분된 마음으로 왕자의 지시를 기다렸다.

왕자가 앞에 있는 벽의 커튼을 걷자 그림이 나타났다. 아름다운 그림은 아니었다. 숲 속에 있는 한 마을의 모습이었다. 흉물

스런 움막집들, 지저분하고 어두운 동굴들이 있었다. 그곳 사람들은 잔인하고, 교활하고, 폭력적이었다. 톰은 그들이 도둑 부족임을 금방 알 수 있었다. 그런데 이상한 것은 그 마을의 땅이 아주 검붉은 색을 띠고 있다는 것이었다. 그림으로 보기에도 등골이 오싹했다. 그리고 마을 전체에 먹구름 같은 것이 끼여 있었다. 어찌나 검은지 검은 연기에 가까웠다. 햇살은 한 줄기도 비춰지지 않았고, 모든 것이 음침한 기운에 짓눌려 있는 것 같았다. 마치 절망과 몰락으로 가는 소용돌이 같은 모습에 아이들은 몸서리쳤다. 그 서늘한 공포의 전율이 홀린 듯이 그림을 쳐다보는 아이들까지 사로잡을 것 같았다. 그때 사자가 크게 울부짖는 듯한 소리가 들렸다. 아이들은 왕자를 바라보았다. 왕자는 이전보다 더 커 보이는 모습으로 빛을 발하며 서 있었다. 오른손에는 깃발이 달린 긴 막대를 들고 있었다. 그리고 그것으로 바닥을 치며 크게 외쳤다. "난 승리자다! 내 빛은 세상의 모든 어둠보다 강하다!"

아이들은 놀라움과 두려움에 무릎을 떨었다. 하지만 자신이 그분께 속한다는 것을 분명하게 알고 있었다. 자신들의 형제인 그가 자랑스러웠다! 그래서 환호성을 지르며 손뼉을 쳤다. "승리하신 주님! 이 땅을 다스려 주세요! 주를 따르겠습니다!" 이것은 찬양이 되었고, 아이들은 점점 더 큰 감동에 사로잡혀서 노래를 부르고 또 불렀다.

왕자는 승리의 미소를 지으며 그림을 가리켰다. 그러자 어찌된 일인가! 그림이 조금씩 움직이는 것이었다! 아이들이 노래를 부르면 부를수록 구름이 점점 사라지더니 한 줄기 햇살이 검은 구름을 뚫고 내려와 비추기 시작했다. 그 아래 있던 사람들은 놀란 눈빛으로 위를 바라보며 눈을 비볐다. "계속하렴! 이제 전쟁이 시작되었어!" 왕자가 환호하자, 아이들은 목이 쉴 때까지 찬양을 계속했다. 다음 주 일요일에도 계속하고 싶었다. 구름에 큰 구멍이 뚫릴 때까지….

그날 저녁 톰은 놀라움에 고개를 흔들며 자리에 누웠다. 이런 것은 한 번도 상상해 보지 못했다. '도둑의 집에서는 전혀 다르게 싸웠는데….'

하지만 여기서도 모든 것이 순조롭기만 한 것은 아니었다. 다음 날 톰의 조는 다듬어진 돌들을 건축 현장으로 가져다 놓았다. 그 일은 생각보다 재미있었다. 바닥에 레일이 깔려 있어서 돌이 가득 실린 수레를 밀면 저절로 건축 현장까지 굴러갔다. 돌수레에 앉아 레일을 타고 내려가는 기분은 정말 최고였다. 아이들은 수레 위에 올라타고 싶어 했다. 톰도 열심히 그 수레를 탔다. 왕과 왕자를 사랑하기에 더 많은 일을 해내고 싶었다. 그래서 다른 아이들보다 더 자주 수레에 올랐다. 그는 아이들이 수군거리며, 자신을 불만스럽게 쳐다보고 있는 것도 미처 알아채지 못하고 있었다. 그런데 갑자기 톰이 탄 수레가 멈춰서는 것이었다. 더 이상 굴러가지 않았다. 톰은 내려서 수레를 살폈다. 아무런 이상도 없었다.

'어떻게 하지?' 톰은 자기 조로 돌아갔다. 문제가 생기자 몇몇 아이들이 고소해 하며 뒤에서 비웃었지만 톰은 그 사실도 알지 못했다. '로버트가 와 줄 수 있을까?' 그러나 로버트는 이상하게도 그 수레 쪽으로 가는 게 아니라 조 아이들을 소집했다. 그리고 모두에게 스스로를 돌아보라고 말했다.

몇몇 아이들의 얼굴이 벌겋게 달아올랐다. 그들은 풀이 죽은 목소리로, 톰을 시기해서 수레가 멈춘 것을 보고 기뻐했다고 고백했다. 그들은 톰에게 사과했고, 톰도 혼자서만 앞서가려 했던 것을 깨닫고는 용서를 구했다. 톰이 화해의 뜻으로 손을 내밀자 갑자기 뭔가 구르는 소리가 들렸다. 바퀴가 움직이더니 수레가 굴러가기 시작한 것이다. 아이들은 모두 움직이는 수레를 뒤따라가서 박수쳤다. 모두 다시 하나가 되자 일이 훨씬 쉬워졌다!

톰은 뭘 해야 할지 늘 정확히 알고 있는 로버트가 부러웠다. "난 왕께서 주신 그 기계를 항상 손에 쥐고 다니거든. 언제 어디서든지 왕과 연락을 취할 수 있도록 말야." '아, 그 기계 말인가?' 톰은 언젠가부터 새까맣게 잊어버리고 있었다. 일을 할 때에도, 밤에 잠이 안 올 때에도 유용하게 사용했었는데…. 아무 때나 그 기계로 주님의 이름을 부르면 주님은 아주 반가운 음성으로 받아 주시곤 했다. 톰은 오늘 저녁 그 기계를 찾아내서 당장 내일부터 다시 사용해야겠다고 생각했다.

12장

늘 아버지와 함께

톰은 밤에 왕께 인사하며 그 기계가 어디에 있는지 여쭤보려 했지만 잊어버렸다. 다음 날 아침, 눈을 떠 보니 그 기계가 침대 위에 놓여 있었다. 톰은 그것을 주머니에 넣으면서 다짐했다. '오늘은 자주 연락을 드려서 아버지를 놀라게 해 드려야지!' 그러나 하필 그날따라 일이 너무 많고 힘들어 아버지께 연락하는 것을 깜박 잊고 말았다. 그날은 샘가에서 쉴 여유조차 없었다. 완전히 지쳐서 집에 돌아갈 시간이 되어서야 톰은 그 사실을 깨달았다.

피로는 며칠 동안 계속되었다. 그런데 피로만 악화된 게 아니었다. 톰은 요 며칠 카알이라는 친구에게 몹시 화가 나 있었다. 그 아이는 일을 굉장히 느리게 하는 데다가 자신의 도구와 돌들을 항상 길가에 놓았다. 참고 또 참았지만 세 번째로 그것들에

발이 걸려 넘어지자 톰은 더 이상 참을 수가 없었다. "이것 좀 치워!" 톰이 날카롭게 소리쳤다. 카알은 톰에게 눈이 없냐며 아주 천연덕스럽게 되물었다. 화가 머리끝까지 치솟은 톰은 큰 소리로 화를 냈다. 누군가가 톰의 어깨에 손을 얹어 다른 쪽으로 데려갈 때까지 말이다. 로버트였다. 로버트는 톰에게 이야기를 좀 나누자고 했다. 일이 아직 많이 쌓여 있는데도 말이다.

둘은 그늘에 앉았다. 몹시 흥분한 톰은 며칠 동안 카알에게 쌓였던 화를 로버트 앞에 쏟아놓았다. 로버트는 톰의 말을 다 들어 주었다. 그리고 물었다. "그럼 앞으로 어떻게 해야 할까?" 순간 톰은 정신이 번쩍 들었다. 그는 도둑의 집에서 지낼 때 일이 떠올랐다. 화는 또 다른 화와 분노, 그리고 주먹질로 이어졌다. 더 이상 생각하고 싶지도 않았다. 그런 것들은 이곳에 어울리지 않았다! 톰은 로버트와 카알, 그리고 다른 친구들에게 부끄러웠다. 자기 자신에게도, 또 분명히 그의 모습을 보셨을 주님께도 말이다.

'하지만 어쩌면 좋을까?' 행동이 너무 느린 카알과 함께 일하는 것은 참으로 견디기 힘들었다. '카알을 다른 조로 보내 달라고 왕께 부탁할까?' 톰이 한참 이런 생각을 하고 있을 때 로버트가 말을 꺼냈다. "톰, 문제의 본질이 뭐라고 생각하니?" 순간 이렇게 대답하려 했다. '그야 물론 카알 때문이지! 걔는 워낙 느리고 멍청하니까!' 하지만 그 순간 누군가가 로버트를 불렀기 때문에 그는 이렇게 말하고 자리를 떠났다. "여기 남아서 한번 생각해 봐! 조금 있다 다시 올게!"

톰은 그저 주머니에 손을 넣은 채 멍하니 서 있었다. '생각해 볼 것도 없어! 참, 여기 그 기계가 있었네.' 톰은 며칠 동안 깜빡 잊고 있었다. 아니, 기계를 본 순간까지도 톰은 지금 이 기계는 자신에게 필요가 없다고 생각했다. 정말 그럴까? 갑자기 음악 상자가 망가졌을 때 왕 앞에서 몸을 숨겼던 일이 떠올랐다. 그때 왕이 톰을 팔에 안고 집으로 향하면서 뭐라고 말했었지? "죄를 숨기는 것은 너에게도 또 나에게도 가장 안 좋은 것이란다. … 네가 잘못을 하면 즉시 나에게 오너라. 내가 모든 것을 다시 회복시킬 수 있으니 말이야. 난 정말 그렇게 하고 싶단다."

'죄? 도대체 내가 무엇을 잘못했지?' 톰이 어떤 잘못을 했을까? 화를 낼 수도 있는 것 아닌가? 그렇게 하지 않으면 카알은 계속해서 늑장을 부릴 것이다. 그때 "… 즉시 나에게 오너라!"고 하는 음성이 다시 한 번 마음속에 들렸다. '좋아! 도움이 될지도 몰라!' 톰은 그 기계에 대고 '아버지!' 하고 말하려 했다. 그런데 쉽지 않았다.

그래서 톰은 처음 기계를 받을 때 들었던 대로 최대한 편안하게 마음을 먹었다. 어린아이처럼…. 그러자 한결 나아졌다. 마음이 진정되고, 차츰 화가 가라앉자 모든 것을 좀 더 명확히 볼 수 있었다. 톰은 자신이 카알에게 잘못했다는 것을 깨달았다. '느린 것은 다른 사람이 어떻게 할 수 없는 문제일지도 몰라.' 카

알에게 사과해야겠다고 생각했다. 필요하다면 다른 아이들 앞에서. 카알도 분명 왕의 아들이니까….

그렇다! 톰은 왕의 아들에게 상처를 주었다. 아버지인 왕께도 용서를 구해야 했다. 톰은 즉시 그 조개 모양의 기계에 대고 그렇게 말했다. 그리고 귀를 기울였다. 기계에서는 아무 말도 들리지 않았다. 하지만 침묵 속에서 평화가 흘러나오고 있다는 것을 알았다. 톰은 평화가 자기 안에 가득 찰 때까지 가만히 기다렸다. 그리고 단 한 마디를 덧붙였다. "아버지!" 그 말 한 마디면 충분했다. 모든 게 다시 회복되었다. 아니, 오히려 이전보다 더 좋아졌다. 톰은 카알을 훨씬 더 사랑하게 되었다. 카알과 친구가 되고 싶었다. 그에게 사과했고, 다루기 힘든 돌 조각 부수는 일을 도와주었다. 그 과정에서 둘은 함께 일하는 것이 훨씬 낫다는 사실을 발견했다. 이 모든 것을 멀리서 지켜보고 있던 로버트는 저녁 때가 되어서야 돌아왔다.

함께 집으로 가면서 톰은 로버트에게 몇 가지를 물었다. "로버트, 넌 어떻게 그렇게 할 수 있니? 왜 우리에게 그런 인내심을 보여 주니? 어떻게 그렇게 친절할 수 있지? 난 왜 그렇게 못하는 걸까?" "나도 혼자서는 그렇게 못해, 톰. 난 그저 하루 종일 왕과 연락을 주고받을 뿐이야. 그래서 그분이 나를 도와주실 수 있는 거야. 내가 전달해 줄 수 있는 건 그분의 친절, 인내심, 그리고 그분 자체야."

"어떻게 그렇게 할 수 있어?" 톰은 계속 물으며 로버트에게 그 기계에 대한 자신의 문제를 이야기했다. 기계를 하루 종일 갖고 다니기는 하지만 늘 사용하는 것을 잊어버린다고…. 로버트는 웃으며 말했다. "혼자서는 그렇게 할 수 없어. 그 기계에 대해 잊어버리지 않는 일조차 혼자서는 해낼 수 없기 때문에 그분이 도와주시도록 맡겨야 해. 우리 주위에 있는 방해 세력은 수단과 방법을 다해 우리가 아버지로부터 멀어지도록 만들거든. 왕인 아버지를 만나지 못하게 해서 우리가 점점 그분을 닮는 것을 막는 거야. 우리 스스로 이 모든 속임수를 꿰뚫어 보고, 완벽하게 저항하는 건 불가능해." 톰은 그 말에 동의했다. 그가 그 사실을 누구보다 잘 알기 때문이었다.

로버트는 걸음을 멈추고 서서 톰의 어깨를 감싸며 큰 소리로 말했다. "아버지, 늘 당신과 함께 있어서 너무 좋아요. 톰도 그렇게 되도록 도와주세요, 감사합니다, 아버지." 그 기도는 실제로 효력을 발휘했다. 이제는 언제든지, 또 어디에 있든지 간에 왕과 연락을 주고받는 것이 점점 더 소중하게 여겨졌다. 톰은 심지어 그 기계에 끈을 달아 손목에 걸기도 했다. 이렇게 해서 일하는 동안에도 왕과 대화하거나 그분의 말씀을 들을 수 있었다. 어린아이처럼 솔직하게 말하는 것이 왕을 얼마나 기쁘게 하는지 깨달았기 때문이다. 그리고 그것이 왕을 행복하게 하는 선물과도 같다는 사실을 깨달았다. 뿐만 아니라 그 시간을 통해 톰 자신도 행복을 느꼈다.

다음 일요일, 아이들이 그 그림 앞에서 또다시 찬양하면서 어둡고 짙은 구름을 조금씩 물리쳤을 때 톰은 생각했다. '내 마음과 똑같은걸. 내가 그 기계에 대고 왕과 자주 대화할수록 음침한 구름, 미움이나 불평, 조바심 같은 것들이 마음속에서 점점 사라지는 것 같아.'

어느 날 왕이 톰에게 이렇게 말했다. "톰, 내 아들아. 넌 이미 나를 상당히 닮아 있구나. 이제 더욱 더 강해질 때가 되었다. 너도 그렇게 생각하니?" 잔뜩 고무된 톰은 왕에게 계속 자신을 지도해 달라고, 더 강해지기 위해 무엇이든 하겠다고 말했다. "그럼 나를 위해 어떤 일을 그만둘 수도, 허용할 수도 있겠니?" 처음에는 그 질문을 완전히 이해하지 못했다. 하지만 왕과 왕자를 매우 신뢰했기에 "네."라고 대답했다. 왕이 말을 이었다. "내가 바라는 것에 '네'라고 대답하려면 종종 네가 원하는 것을 거부할 줄도 알아야 한단다. 그것을 훈련하고 연습해야 해. 그 연습은 너를 더 강하게 만들어 줄 거다. 그 전쟁을 위해서 말이야!"

그런데 그 다음 말은 이해가 되지 않았다. 도둑의 집에서는 강해지기 위해서 특별히 힘을 얻을 만한 음식들을 먹었다. 그런데 왕은 톰에게 이렇게 묻는 것이었다. "나를 위해 가끔씩 음식을 포기할 수 있겠니? 그것이 네가 강해지는 길이란다." 톰은 놀라서 고개를 흔들었다. 이해할 수가 없었다. '왜 하필 음식이어야 하지? 이렇게 맛있는 음식이 가득한 곳에서!' 하지만 톰은 시도해 보기로 했다. '이것조차 해내지 못한다면 정말 우스워질 거야!' 톰은 곧 형제들에게 가서 큰 소리로 말했다. 오늘 하루 종일 아무것도 먹지 않겠다고 말이다. 왕을 위해서, 강해지기 위해서!

힘든 하루였다! 하루 종일 배에서 꼬르륵 소리가 났다. 음식은 이전보다 훨씬 맛있는 냄새를 풍기고 있었다. 톰은 이 상태로 일을 할 수 없을 것 같아 걱정이 되었다. 힘이 다 빠져 버린 것 같았다. 저녁 때쯤 되자 더 이상 견딜 수가 없었다. 하지만 다른 아이들 앞에서 웃음거리가 되고 싶지 않았다. 저녁 때 톰은 왕에게 갔다. "오늘 아무것도 먹지 않았어요. 이제 조금은 강해졌나요?" "네 생각엔 어떠니?" 왕이 되물었다. "아주 좋아요. 제가 그걸 해내서 말이에요." 왕은 한동안 말이 없었다. 그저 톰을 부드럽게 바라볼 뿐이었다.

순간 톰은 뭔가 걸리는 게 있다는 것을 느꼈다. 무엇일까? 그렇다! 톰은 자신이 그것을 해냈다는 사실에 조금이나마 자랑스러워했던 것이다. 정말 아주 '조금' 말이다. "이 마음 때문인가요?" 왕은 고개를 끄덕였다. "그래, 톰. 다음번엔 다른 아이들에게 이야기하지 않고 해 보렴. 우리 둘만 아는 거야! 넌 날 기쁘게 하려고 했잖니! 다른 아이들에게 자랑하기 위해서가 아니고!" 톰은 그러겠다고 말했다.

며칠 후 톰은 먹는 것을 다시 한 번 포기하려 했다. 하지만 그 날따라 톰이 좋아하는 음식이 나왔다. 그것을 참기엔 역부족이었다. 결국 참지 못하고 음식을 먹어 버렸다. 다음번에는 마음을 굳게 먹고 아예 식당에 가지 않았다. 그런데 톰은 마당에서 우연히 나무에 달린 먹음직스러운 배를 발견했다. 일은 이미 벌어졌다. 아주 자연스럽게 배가 톰의 입 속으로 들어갔다! 다음번에도 톰은 성공하지 못했다. 제니가 톰을 위해 케이크를 구워 온 것이다. 톰은 가장 친한 친구의 마음을 상하게 하고 싶지 않았다. 그래서 또다시 먹었다.

톰은 이내 깊은 고민에 빠졌다. 단 한 번도 금식에 성공하지 못했다는 것이 마음에 걸렸다. 죄책감에 싸여 왕 앞에 섰다. "금식하는 데 성공하지 못했어요." "드디어 와 주었구나." 왕이 말

했다. "사랑하는 아들아, 네가 고생하는 것을 이제 더는 못 보겠구나. 얼마나 더 오랫동안 그렇게 혼자 힘으로 해결할 셈이냐!"

그렇다! 톰은 또 실수를 하고 말았다. 혼자 힘으로는 도저히 금식을 해낼 수 없었다! 톰은 불쌍한 아이였다. 그런 일을 하기엔 너무도 연약했다. 그것을 시인하는 것이 톰에게는 꽤 어려웠다. 그러자 왕은 톰을 포근히 안아 주었다. "사랑하는 아들아, 넌 내가 주는 힘으로 싸워야 해. 너 자신과의 싸움에도 말이다. 난 널 돕고 싶고, 또 네 길에 있는 장애물들을 치워 주고 싶단다!" '이 사실을 아직도 모르고 있었다니!' 톰은 아버지를 바라보았다. 순간 자신이 보잘것없이 작은 존재라는 사실이 너무 편안하게 느껴졌다. 톰은 그분의 팔에 더 깊숙이 안기면서 간구했다. "절 도와주세요. 혼자서는 할 수 없어요!"

그때부터 일은 쉬워졌고, 톰의 믿음은 점점 더 강해졌다. 그러나 교만해지지 않도록 늘 조심해야 했다. 그것은 생각보다 어려웠다. 스스로 강해지거나 커지려 한다는 생각이 들 때마다 아버지께 도와달라고 외쳐야 했다. 어느 때는 로버트에게도 도움을 청했다.

다른 아이들도 서로를 도우며 성장해 갔다. 가장 강한 아이, 다른 아이들보다 더 인정받는 아이가 되고 싶은 마음을 버리는 것도 훈련했다. 왕이 그들에게 원하는 게 무엇인지를 묻는 것이 점점 더 중요해졌다. 그렇지만 쉽지 않은 일이었다. 아이들은 가끔씩 예전의 실수를 반복하곤 했다. 왕은 아이들의 실수에 관대할 뿐 아니라 포기하지 말라며 다시 용기를 주었다.

어느 날, 아이들은 또다시 왕과의 약속을 지키지 못한 채 다투며 서로에 대한 나쁜 소문을 냈다. 하지만 곧 잘못을 뉘우치며 왕 앞에 나아와 울었다. 자신들이 얼마나 형편없는 존재인지를 깨달았기 때문이다. 괴로워하는 아이들에게 왕이 선포했다. "준비가 되었구나! 이제 떠나도 좋다!" 아이들은 어리둥절한 채로 서 있었다. '아직 멀었다고 생각하는 이때가 준비가 된 때라고?' "난 강하다. 내가 너희를 보내는 거란다." 물론 아이들도 그분이 강하다는 것을 알고 있었다. '하지만 어째서 함께 가 주시지 않는 걸까? 주님 앞에서라면 원수들이 모두 즉시 달아날 텐데 말이야.' 아이들의 생각을 알고 있다는 듯 왕은 말했다. "나도 함께 간단다. 그저 보이지 않을 뿐이지. 너희가 날 바라보는 한 너희는 승리할 거다!"

　이해하기 힘들었다. '주님이 보이지 않는데 어떻게 바라보라는 거지?' 왕은 말을 계속 이었다. "내가 너희와 함께 있다는 사실을 늘 마음에 담아 두어라. 이 믿음이 너희를 보호할 거야. 나의 힘과 방법으로 싸워 나가렴. 그럼 너희는 승리할 거야. 내 이름이 바로 너희의 검이란다. 그리고 너희의 새로운 이름이 너희를 위해 모든 문을 열어 줄 거다!" 아이들에게는 이 모든 말들이 신비스럽게만 들렸다. 그들은 왕이 말하는 것을 거의 이해하지 못했다. 그저 가야 한다는 것, 그 한 가지만이 분명했다.

13장

특별한 사명

아이들은 그날 저녁 밖으로 나갔다. 그 어둔 밤에, 예비 식량이나 무기도 없이, 길도 모르는 채…. 얼핏 보기엔 불쌍해 보이기까지 했다. 주위에서 적들의 킬킬거리는 웃음소리가 들리는 것 같았다. 모두 겁에 질려 있었다. 하지만 두려움을 이기려는 듯 큰 소리로 왕께 드리는 노래를 부르기 시작했다. 노래를 할수록 아이들의 목소리는 점점 커졌고, 발걸음에 힘이 나면서 용기가 생겼다. 어느 길로 가야 할지도 알 수 있을 것 같았다. 아이들은 이렇게 밤새도록 걸었다.

  동이 틀 무렵, 그들은 울창한 숲 앞에 도달했다. 그곳은 잠시 쉬기에 적합했다. 하지만 오랫동안 잘 수는 없을 것 같았다. 보초를 서는 로버트와 다른 조장들이 누군가가 아이들의 잠자리 주위를 어슬렁대는 것을 보았기 때문이다. 조장들이 아이들을

깨웠다. "일어나! 여기에 있을 시간이 없어. 누군가 우리를 발견했어! 그들이 도둑들에게 우리가 왔다는 사실을 알릴 거야!" 놀란 아이들이 벌떡 일어났다. "맞아, 서둘러야 해. 도둑들에게 준비할 시간을 주면 안 되니까!"

아이들은 바로 동굴을 나가려 했다. 그때 제니가 조심스럽게 말했다. "잠깐, 우선 왕께 여쭤봐야 하지 않을까?" 톰은 기가 막혀서 고개를 저었다. '지금 더 이상 지체할 시간이 없단 말이야!' 하지만 다른 조장들이 말했다. "고마워, 제니. 그게 정답이구나!" 이렇게 해서 아이들은 보이지 않는 주를 둘러싸고 둥글게 섰다. 아이들은 그분이 거기 계시다는 것을 알고 있었다. 그렇게 약속하셨으니까! 아이들은 그분을 위해 노래를 불렀다. 불안해하지 않았다. 적에게 들릴까 두려워 조용하게 부르지도 않았다. 아이들의 찬양소리는 오히려 점점 더 커지고 있었다. 한 곡을 더 불렀다. 그리고 또….

그렇게 긴박한 상황에서 찬양을 세 곡이나 부른 아이들은 곧 조용해졌다. 얼마가 흘렀을까? 아이들은 그 조용한 시간 동안 체험한 일들을 나누었다. 몇 명은 그들의 중심에 서 계신 주님을 보았는데, 광채가 나는 강한 모습을 한 주님이 기뻐하고 계셨다고 말했다. 또 어떤 아이는 검은 형상들이 찬양으로 인해 점점 밖으로 쫓겨 갔다고 이야기했다. 제니의 친구는 어떤 아이를 보았는데, 그 아이가 땅을 파서 무언가를 가지고 갔다고 했다. 몇몇 남자아이들은 그 이야기에 웃으려 했다. 하지만 진지하게 이야기를 듣던 로버트는 왕께 좀 더 자세한 설명을 부탁하자고 했다.

다시 침묵이 계속되었다. 그러더니 어떤 아이들은 생각으로, 또 어떤 아이들은 실제로 무언가를 보거나 들어서 같은 결론에 도달했다. 그것은 바로 여기에 있는 사람 중 한 명이 도둑의 집에 몰래 가서 땅 속에 있는 무언가를 가져와야 한다는 것이었다. 몇 명은 바로 톰이 그래야 한다고 말했다. 제니도 잠시 생각해 보더니 톰에게 그 일을 할 준비가 되었는지 물었다.

'하필 왜 나야! 나는 바로 도둑들 옆에서 그 끔찍한 상황을 직접 경험했단 말이야.' 톰은 절망했다. 속이 메스꺼웠다. "뭐라고 대답해야 할까요?" 톰은 자신도 모르게 그 기계에 대고 속삭였다. 그러자 곧 익숙하면서도 조용한 음성이 들려왔다. "톰, 나를 위해 그 일을 해 주겠니?" 순간 톰은 두려움을 뒤로한 채 용기를 내어 큰 목소리로 말했다. "좋아, 내가 갈게."

아이들은 안도의 숨을 쉬면서 기뻐하며 톰 주위에 몰려들었다. 그리고 주님께서 톰을 보호하시고 이끌어 주시기를 간구했다. 막 출발하려는 톰에게 로버트가 속삭였다. "넌 왕의 아이라는 사실을 잊지 마!" 그 말에 혼자 떠나야 하는 톰의 마음은 평온하고 용감해졌다.

얼마를 걸었을까? 끔찍한 장면이 눈앞에 펼쳐졌다. 숲이 몇 킬로미터나 불에 타 온통 시커멓게 변해 있었다. 보이는 것은 나무 그루터기 몇 개와 타다 남은 오두막의 시커먼 벽들뿐이었다. 더 끔찍한 건 숯처럼 그을린 시체들이었다. 톰은 눈을 감아 버렸다. 정말 참혹했다. '도둑들이 저지른 짓일까? 남은 주민들은 어디에 있을까?' 톰은 왠지 불길한 예감이 들었다. '가엾은 사람들!' 하지만 톰도 안전하지 않았다. 언제 도둑들 눈에 띨지 모르는 일이었다. 여기서 움직이는 것은 오직 톰뿐이니까….

어찌할 바를 몰라 겁에 질린 채 주위를 둘러보았다. '뭘 어떻게 해야 하지? 친구들이 있는 숲으로 다시 돌아가 버릴까?' 하지만 그러면 시간만 허비하는 셈이었다. "시간을 버려선 안 돼!" 톰은 이렇게 말하고는 계속 앞으로 나아갔다. 그러나 얼마 가지 못해 견딜 수 없을 만큼 피로가 몰려왔다. 한 걸음 한 걸음 나아갈 때마다 점점 더 피곤해지면서 사지가 납처럼 무거워졌다. 망치로 톡톡 치는 것처럼 머리가 아팠다. 톰은 결국 그대로 쓰러져 누워 버렸다. 하지만 톰은 혼자가 아니었다. 주님께서 함께 가시겠다고 약속하셨으니까!

"여기 계세요?" 톰이 누워서 속삭였다. "물론이지!" 아주 크고도 또렷하게 들리는 음성에 톰은 깜짝 놀라 위를 쳐다보았다. 아무도 보이지 않았다. 그러나 톰은 알고 있었다. 주님께서 자기 곁에 계시다는 것을…. 톰은 계속 걸어가야 하는지 물었다. "그래. 하지만 나의 보호 안에 있거라!" '이게 무슨 뜻이지? 어제 저녁에 왕께서 보호에 대해 말씀하실 때 좀 더 귀 기울여 들을 걸!' 잠시 후 이 말씀이 다시 한 번 천천히 들려왔다. "내가 너희와 함께 있다는 사실을 늘 마음에 담아 두어라. 그 믿음이 너희를 보호할 거다!" '마음에 담아 두라고요? 어떤 방법으로?' 톰은 이 말을 잊지 않고 기억하기 위해서 계속 반복하기 시작했다. "주님은 나와 함께 계신다. 주님은 나와 함께 계신다." 톰은 일어나 다시 걸으면서도 계속 중얼거렸다. 그러자 몸이 한결 가벼워지는 것 같았다.

톰은 곧 길을 찾았다. 이 길이 맞다는 확신이 들자 계속 걸었다. 마침내 거대하고 오래된 철문이 눈앞에 나타났다. 문은 잠겨 있었고 주위엔 아무도 없었다. 좌우엔 어두운 색의 높은 담이 견고하게 서 있었다. "이곳을 어떻게 통과할까요?" 이렇게 묻자, 왕의 말씀이 생각났다. "… 너희의 새로운 이름이 너희를

위해 모든 문들을 열어 줄 것이다."

'어떤 이름을 말하는 거지? 내 이름은 늘 톰이었는데?' 모든 사람에게는 성이 있다. 그 성은 자신이 어느 가족에 속했는지를 말해 준다. 도둑의 집에 있을 때 톰은 그들의 성을 따랐다. 하지만 이제 톰은 더 이상 그들에게 속하지 않았다. 이젠 왕에게 속하기 때문이다. 그렇다면 그게 바로 톰의 성이 될 것이다! 톰은 큰 목소리로 자랑스럽게 외쳤다. "나는 왕의 아이다!"

그 순간 대문이 신음하듯 삐거덕거리며 저절로 열리는 것이었다! 그 안에서 곰팡이 냄새 같은 악취가 나와 숨을 쉬기도 힘들었다. 멀리 도둑들이 보였다. 톰은 어떤 일이 있더라도 그곳으로 가야 했다. "저보다 앞서 가 주세요!" 톰이 왕에게 부탁했다.

그러자 정말 발 앞에 빛나는 발자국들이 보였다. 톰은 용기를 내어 그 문으로 들어갔다. 주님의 발자취를 놓치지 않기 위해 눈을 땅에서 떼지 않은 건 잘한 일이었다. 그러지 않았다면 톰을 놀라게 하고 위협하려고 양 옆에 서 있던 끔찍하게 생긴 괴물들을 보고는 더 이상 나아가지 못했을 테니 말이다.

그 사이 날이 저물었다. 톰은 벽 뒤에 서 있었다. 도둑들은 모여 앉아 술에 취한 채 음식을 게걸스럽게 먹으며 시끄럽게 떠들고 있었다. 몇 명은 활과 창을 다듬으며 귀찮은 아이들을 어떻게 해치울지에 대해 소리 지르며 떠들어대고 있었다. 톰은 그들을 보는 것조차 힘들어서 고개를 돌렸다. 그러자 다시 그 빛나는 발자국이 보였다. 톰 곁에는 항상 주님이 계셨다.

멀리에서 처참한 울음소리와 신음소리가 들려오고 있었다. 가까이 다가갈수록 분명히 알 수 있었다. 그것은 수많은 무리들의 음성이었다. 톰은 순간 그 목소리의 주인공들은 바로 조금 전에 보았던 불 타 버린 마을에서 살아남은 사람들이라는 것을 깨달았다. 그들은 지난번에 톰이 갇혔던 어두컴컴한 다락 안에서 쇠사슬에 묶이고 부상당한 채 굶주리고 있을 게 뻔했다.

'아, 내가 도울 수 있다면 얼마나 좋을까?' 하지만 톰처럼 작은 소년이 다락에 갇힌 많은 사람들을 위해 무엇을 할 수 있을까? 톰은 쇠사슬을 풀어 줄 수도, 거대한 바위덩이와 단단한 창살을 들어낼 힘도 없었다. 하지만 톰이 바로 지금 할 수 있는 일이 있었다. 톰은 왕자와 함께 말을 타고 밖으로 나갔을 때처럼, 주님의 이름을 용기 있게 큰 목소리로 외쳤다. 그러자 사방이 한순간에 조용해졌다. "용기를 가지세요! 이제 곧 풀려날 겁니다!" 톰은 갇힌 사람들이 자신을 믿는다는 것을 알 수 있었다. 안도의 숨소리, 절제된 환호성과 수군거림, 그리고 아직은 여전히 남아 있는 약간의 울음소리가 들려왔기 때문이다.

톰이 몸을 돌리자 검은 형체가 그 앞에 서 있었다. 톰은 사색이 되었다. 결국 도둑 중 한 명이 톰을 발견한 것이다! 그런데 그 사람은 톰을 공격하거나 붙잡지 않았다. 다른 도둑들을 부르기 위해 큰 소리로 외치지도 않았다. "네가 그 아이니?" 쉰 목소리가 들려왔다. 왠지 익숙한 목소리였다. '맙소사!' 이 사람은 바로 그 노인, 제니의 아버지였다. 주님의 능력으로 치료받았지만 다시 도둑들에게로 돌아갔던 그 사람 말이다. "잠깐 와 보렴." 그는 나지막한 목소리로 속삭이며 톰을 가까이에 있는 작고 어두운 오두막으로 데려갔다. 그곳은 어둠침침하고 적막했다. 과연 이 노인을 믿어도 되는지 알 수 없었지만, 일단 구석진 자리로 가서 앉았다. 자리에 앉자마자 톰은 오늘 정말 오랫동안 걸었다는 것을 깨달았다. 톰은 노인에 대한 경계를 늦추지 않은 채로 앉아 있었다.

"널 기다리고 있었어." 그가 말했다. 깜짝 놀란 톰이 물었다. "나를 어떻게 알고요?" "자세한 것은 나중에 말하기로 하자. 우선 제일 중요한 건, 너와 제니를 통해 왕께서 내 다리를 어루만

지신 이후로 그분이 마음속에서 떠나지 않으셨다는 거야. 비록 다시 이곳으로 왔지만 말이다. 날 믿어다오. 이곳에 있는 내내 괴로웠단다. 그런데 희망이 생겼어. 뭔가 일이 벌어지고 있다는 걸, 그리고 이곳이 점점 밝아지고 있다는 걸 느낄 수 있었거든. 도둑들도 눈치 챈 모양이야. 이전보다 훨씬 더 악랄한 짓을 저지른 것을 보니…. 난 네가 오는 꿈을 세 번이나 꾸었단다. 나더러 그 시체를 파묻은 곳을 보여 달라고 하더구나. 지금 같이 가겠니?"

노인이 일어났다. 톰은 잠시 망설였다. '주님께서 과연 이 일에 동의하실까?' 그 순간 밝게 빛나는 발자국들이 다시 보였다. 노인 뒤로 두 개의 발자국이 찍혀 있었다. 톰은 그 뜻을 이해하고는 노인을 따라갔다. 그들은 바위 사이에 난 길을 따라갔다. 이 구역은 그가 어렸을 때 접근하지 못하도록 가장 엄격하게 통제되던 곳이었다. 톰 역시 이곳을 지나고 싶어 하지 않았다. 이곳에 대한 무시무시한 이야기를 들은 적이 있었기 때문이다.

가파른 오르막길이 펼쳐졌다. 그들은 가시나무의 울타리 아래를 기어서 통과했다. 가시에 걸려 옷이 찢기고 얼굴과 손이 긁혔다. 마침내 그곳을 빠져나오자 초록색 빛이 펼쳐졌다. 공기는 차디찼고 신비스러운 분위기가 감돌았다. 돌들로 둘러싸인 땅의 한 부분이 눈에 들어왔다. 붉은 핏빛의 땅이었다. 그 순간 톰은 성에 있을 때 그림으로 보았던 도둑 부족의 붉은 땅을 생각해 냈다. 톰은 맨손으로 파헤치기 시작했다. 땅이 부드러워서 파기가 수월했다.

　톰이 점점 더 깊이 파는 동안, 노인은 알 수 없는 말들을 중얼거렸다. "백 년 전에… 불쌍한 아이가… 잔인하게 바쳐지고… 짓밟히고… 죽고…." 톰은 바로 여기서 아주 끔찍한 일이 있었다는 것을 알 수 있었다. 바로 그때 땅 속에서 어린아이의 뼈가 나왔다. 아주 작은 뼈들이었다. 소름이 끼쳤지만, 그것들을 큰 손수건에 조심스럽게 싸서 셔츠 속에 감추었다. 잘 보관하기 위해서….

14장

승리

쿵! 쿵! 쿵! 멀리서 천둥소리 같은 게 들렸다. "어서 여길 떠나라! 이쪽이야! 여기 이 밧줄을 가지고 가능한 빨리 뛰어!" 노인은 공포에 질린 듯 소리쳤다. 그는 톰이 빨리 지나갈 수 있도록 가시 울타리를 들어올려 주면서 밧줄을 건넸다. 줄이 너무 길고 무거워서 빨리 뛰기 힘들었다. 하지만 담을 넘기 위해서는 밧줄이 필요했다.

 마침내 멀리 높은 담이 보였다. 숨이 턱까지 차올랐지만 잠시도 쉴 수 없었다. 쿵쿵거리는 소리가 점점 가까이 들려왔기 때문이다. 바로 그때, 발밑의 땅이 흔들리기 시작했다. 그리고 거대한 담이 굉음과 함께 무너져 내렸다. 톰은 밧줄을 내려놓았다. 담이 무너진 이상 밧줄은 이제 필요 없었다. '먼지가 가라앉으면 곧바로 돌더미를 뛰어넘어 가야지.' 하지만 급히 서두르다가 미끄러지면서 오른 발이 파편들 사이에 끼여 버렸다.

"이런 제길!" 톰의 입에서 나온 소리였다. 그 말은 도둑들이 쓰는 언어였다. 그 말이 신호라도 되듯, 개 세 마리가 톰에게 달려들어 사납게 울부짖으며 옷을 물어뜯었다. 피에 굶주린 듯한 개들의 눈과 입이 보였다. 도둑 무리들도 이미 톰이 있는 근처까지 다가와 있었다. 톰은 눈을 감고 신음하듯 말했다. "주님, 저를 도와주세요!" 그러자 조용한 주님의 음성이 들렸다. "난 네 곁에 있단다. 그냥 잠잠히 지켜보고 있으렴!"

"아하, 톰 아니야? 제대로 걸려들었어. 밧줄까지 가지고 왔네. 하하하! 거참 재밌군!" 그들은 밧줄로 톰을 묶은 다음 히죽거리며 두목 앞으로 끌고 갔다.

두목은 전보다 더욱 살이 찌고 난폭하며 잔인해져 있었다. 채찍을 들고 서 있던 두목은 톰을 알아보고는 말했다. "그래. 바로 너로구나! 그 애송이! 좋아, 오늘 널 제대로 짓밟아 주겠어!" 그는 채찍을 들어 올리더니 톰의 얼굴을 내리쳤다. 순간 정신이 혼미해졌지만 톰은 여전히 두 다리로 버티고 서 있었다. 그런 자신이 너무 놀라웠다. "자, 이제 내가 어떤 사람인지 알았겠지! 네가 여기 왜 왔는지 말하지 않으면, 나에 대해 더욱 자세히 알려 줄 거다! 너 같은 녀석이 다시 돌아온 것을 보면 뭔가 노리는 게 있을 거야. 자, 어서 말해!" 두목은 큰 몸집을 일으켜 세운 채 톰에게 다가가며 위협했다. 그러나 이상하게도 무섭기는커녕 오히려 웃음이 나오려고 했다. 주님은 이 두목과 비교가

안 될 만큼 크시니까! 두목은 톰의 웃음에 약간 당황한 것 같았다. 그래서인지 더 큰 목소리로 명령했다. "말할 때까지 저 녀석을 나무에 묶어 놓아라. 끝까지 말을 안 한다면 저 녀석은 굶어 죽을 것이다." 두목은 자리를 뜨면서 다시 한 번 톰의 몸을 채찍으로 후려쳤다.

자신을 묶고 있는 밧줄이 살을 조여 왔다. 채찍에 맞은 발과 팔, 등 특히 얼굴이 너무도 쓰라렸지만 톰은 가만히 있었다. 톰의 옛 친구들이 조롱하고 놀리며 침을 뱉을 때도 말이다. 톰은 지난날 성전에서 보았던 그림을 계속 떠올렸다. 왕자가 나무에 매달려 있는 그림을…. 끔찍한 장면이었다. '그때 그분은 지금의 나보다 훨씬 고통스러우셨을 거야. 그분은 바로 나를 위해 그렇게 하셨다고 했어!' 그래서 톰도 주를 위해 참아 내고 싶었다. 이렇게 죽는다 해도 말이다.

마침내 도둑 무리들이 집으로 돌아갔다. 톰도 마음이 놓였다. 주님께서 곁에 계신다면 춥고 외로운 밤도 잘 견뎌 낼 수 있을 거라고 생각했다. 배고픔을 참는 것도 지난번에 받았던 금식 훈련 덕분에 어느 정도 익숙해져 있었다. 톰은 지금 주님께 기대고 있다고 상상했다. 얼마가 지났을까? 모두가 잠든 한밤중에 누군가가 톰 앞에 나타났다. 톰은 그를 알고 있었다. 두목의 아들이었다. 그의 손에는 칼이 빛나고 있었다. 그 아이가 속삭였다. "네가 좋아졌어! 아버지 앞에서 그렇게 담대할 수 있다니!

감동했어! 사람들이 널 죽인다면 정말 슬플 거야. 제니의 아버지도 너에 대해 이야기해 주었지. 나는 너의 왕을 알고 싶어. 날 데려가 주겠니?" 그는 칼로 밧줄을 잘랐다.

그는 바깥으로 나가는 지름길을 알고 있었다. 톰은 다리를 절며 그를 따라갔다. 담 바깥쪽에 말 한 마리가 나무에 묶여 있었다. "내 말이야. 올라타렴. 난 옆에서 걸어갈 테니까."

숲을 향해 말을 타고 달리면서도 톰은 이게 꿈인지 현실인지 알 수가 없었다. 그러나 잠시 후, 찬양소리가 들리고, 자신을 향해 걸어오는 친구들을 만나자 정신이 들었다. 톰이 그동안 일어났던 일에 대한 이야기를 마치자 로버트가 물었다. "그래서 땅에서 나온 것을 지금 가지고 있니?" 톰이 옷 속에서 손수건 꾸러미를 꺼내자 모두가 조용해졌다. 어떤 아이는 영문도 모르는 채 울음을 터뜨리기도 했다.

그사이 각 조장들은 왕으로부터 연락을 받았다. 아이의 뼈를 가지고 속히 성으로 오라는 것이었다. 다른 아이들은 두목의 아들에게서 도둑 숙소의 정확한 위치를 알아 냈다. 톰은 한편으로는 속히 성으로 돌아오라는 왕의 명령에 안심이 되기도 했지만, 다른 한편으로는 도둑들과의 싸움에 직접 참여하고 싶기도 했다.

하지만 톰이 성에 도착해서 본 것은 도둑들과의 싸움만큼이나 흥미로운 것이었다. 왕은 톰이 가져온 작은 꾸러미를 풀어 보고는 눈물을 흘렸다. 왕의 눈물이 조각 난 뼈들 위로 떨어졌다. 그러자 믿을 수 없는 일이 일어났다! 뼈들이 움직이더니 서로 맞춰지기 시작한 것이다! 왕이 숨을 불어넣자 그것은 매우 아름다운 아이로 변했다. 왕은 아이에게 부드럽게 입 맞추고는 이제 도둑들로부터 떠나서 내 아이가 되겠느냐고 물었다. 아이는 고개를 끄덕였다. 절대 믿을 수 없는 일들이 눈앞에서 일어나고 있었다!

바로 그 시간, 도둑의 소굴에서는 무슨 일이 일어나고 있었을까? 그곳에서는 기쁨의 함성들이 울려 퍼지고 있었다. 도둑들은 놀라 쓰러지고, 몸을 숨기거나 정신없이 여기저기 뛰어다니기에 바빴다. 두목은 완전히 넋이 나간 상태였다. 그는 한복판에 서서 마치 짐승처럼 울부짖었다. 왕의 아이들이 사방에서 두목을 향해 전진해 오고 있었다.

제니는 담대하게 두목에게 다가가서 차분한 목소리로 말했다. "주님의 이름으로 말하니 나오세요!" 두목은 무언가에 홀린 사람 같았다. "우리는 왕의 자녀들입니다. 그분께서 여러분을 어둠의 권세로부터 해방시켜 주셨지요. 여러분은 그분을 만나실 수 있습니다. 그분은 성에서 여러분을 기다리고 계십니다. 우리를 따라오세요. 우리가 여러분을 그분께로 인도해 드리겠습니다!" 카알의 목소리였다. 그는 숙소 한가운데 있는 나무 그루터기 위에 서서 차분하고 또박또박 말했다. 톰의 친구가 저렇게 용기 있을 줄이야!

감옥에서 풀려난 사람들은 기뻐하며 그 아이들의 말에 따랐다. 한때 도둑이었던 수많은 남자들과 여자들, 그리고 아이들도 오래 고민하지 않았다. 그들은 두목의 눈치를 보지 않고 밖으로 나가는 행렬을 따랐다. 이제 두목과 그의 가장 가까운 부하 몇 명만 남아 있었다. 그들은 땅바닥에 주저앉아 멍하니 앞만 바라보고 있었다.

제니는 자기 아버지가 이 사람 저 사람 사이를 왔다갔다 하는 것을 놀라운 표정으로 보고 있었다. 그는 자신의 인생을 망쳐 놓았던 그 추악한 자들에게 뭔가를 열심히 말하고 있었다. 왕에 대해서 자기가 알고 있는 바를 이야기하는 것 같았다. 그러면서 왕의 곁에서 새로운 삶을 시작하자고 설득했다. 그들 중 두 명이 일어나서 아이들을 따라갔다. 나머지는 두목을 바라보았다. 두목은 발악하듯 소리쳤다. "싫어! 난 원하지 않아!" 순간 마지

막으로 천둥소리가 울리더니 두목이 앉아 있던 땅이 넓게 갈라지면서 그를 삼키고 말았다.

  그의 동료 세 명은 두려움에 휩싸인 나머지 꿈쩍도 하지 못하고 있었다. 그때 제니가 돌아와서 그들 중 한 명의 손을 잡았다. 제니의 아버지가 나머지 한 명을 잡았다. 또 한 명이 찾아왔다. 바로 두목의 아들이었다. 그 아이가 마지막 남은 한 명을 잡았다. 그렇게 이끌린 세 사람은, 이 아이들을 믿어도 된다는 것을, 그리고 그들 자신도 왕의 성에 들어갈 수 있다는 사실을 깨달았다.

  톰은 왕이신 아버지를 바라보았다. 기쁨에 넘치는 그분의 얼굴이 태양보다 밝게 빛나고 있었다. 톰도 함께 기뻐하고 싶었다. 그런데 한 가지 걱정이 있었다. "이 모든 사람들이 다 어디서 사나요? 우리는 아직 건축을 끝마치지 못했잖아요!" 아버지는 웃으며 다른 한쪽을 가리켰다. "저길 보렴. 내가 그사이에 해 놓은 것을!"

 공사 현장이 더 이상 보이지 않았다! 대신 그 자리엔 아름답고 거대한 성이 세워져 있었다. 톰은 믿을 수가 없었다. "혼자서 다 해 놓으셨군요! 우리가 해 놓은 그 보잘것없는 시작을 가지고!" "난 네가 새로운 아이들을 데려올 거라는 사실을 알고 무척 기뻤단다. 그래서 나도 무언가를 해 보고 싶었지!" 왕은 이렇게 말하며 미소를 지었다.

옮긴이 **양보영**
한국 외국어대학교 독일어교육과를 졸업하고 독일 파싸우대학에서 문화경제학을 전공했다.

왕의 아이

초판 1쇄 인쇄 2006년 8월 10일
개정판 16쇄(23쇄) 2024년 9월 20일

지은이 우줄라 마르크
그린이 게르만 프랑크
옮긴이 정현숙

펴낸이 오정현
펴낸곳 국제제자훈련원
등록번호 제2013-000170호(2013년 9월 25일)
주소 서울시 서초구 효령로68길 98(서초동)
전화 02)3489-4300 **팩스** 02)3489-4329
이메일 dmipress@sarang.org

ISBN 978-89-5731-542-2 03230
ISBN 978-89-5731-544-6 03230(세트)

※ 책값은 뒤표지에 있습니다. 잘못된 책은 구입하신 곳에서 교환해드립니다.

| 국제제자훈련원은 건강한 교회를 꿈꾸는 목회의 동반자로서 제자 삼는 사역을 중심으로 성경적 목회 모델을 제시함으로 세계 교회를 섬기는 전문 사역 기관입니다.